KB122721

운

내 운명을 만드는 아홉 개의 숫자 이야기

설계자

운運 설계자

발행일	2016년 12월 30일

지은이	김 경 진		
펴낸이	손 형 국		
펴낸곳	(주)북랩		
편집인	선일영	편집	이종무, 권유선, 김송이
디자인	이현수, 김민하, 이정아, 한수희	제작	박기성, 황동현, 구성우
마케팅	김회란, 박진관		
출판등록	2004. 12. 1(제2012-000051호)		
주소	서울시 금천구 가산디지털 1로 168, 우림라이온스밸리 B동 B113, 114호		
홈페이지	www.book.co.kr		
전화번호	(02)2026-5777	팩스	(02)2026-5747

ISBN	979-11-5987-383-6 03320(종이책) 979-11-5987-384-3 05320(전자책)

이 도서의 국립중앙도서관 출판예정도서목록(CIP)은 서지정보유통지원시스템 홈페이지(http://seoji.nl.go.kr)와 국가자료공동목록시스템(http://www.nl.go.kr/kolisnet)에서 이용하실 수 있습니다.
(CIP제어번호 : CIP2016032457)

(주)북랩 성공출판의 파트너

북랩 홈페이지와 패밀리 사이트에서 다양한 출판 솔루션을 만나 보세요!

홈페이지 book.co.kr	1인출판 플랫폼 해피소드 happisode.com
블로그 blog.naver.com/essaybook	원고모집 book@book.co.kr

내 운명을 만드는 아홉 개의 숫자 이야기

운
설계자

김경진 지음

북랩 book Lab

사람의 성격은 그 사람의 운명이다.

헤라클레이토스 (BC 540?~BC 480?)

모든 문제는 진정한 자신을
모르는 것에서 시작된다

'인생은 순환됩니다. 개인의 역사도 되풀이됩니다.'

이 말은 믿는 사람은 이제부터 '9년 GAP' 테스트를 해보길 바랍니다. 개인의 역사와 순환성에 대한 내용입니다. 즉 현재의 어느 시점은 과거의 어느 시점과 매우 유사한 상황이라는 뜻입니다. 이 유사함이 같다는 것은 아닙니다. '유사함'은 일종의 상징과 연상을 필요로 합니다. 예를 들면 예전에 나는 어떤 선택의 갈림길에 있었고 현재도 유사한 상황에 있다. 혹은 예전 그때는 그전과 다른 삶을 살았고 현재는 작년과 다른 인생을 살고 있다. 혹은 그때 막 취업을 했었고 지금은 새로운 부서에서 근무한다. 이런 식의 유사성을 떠올리고 아래 질문을 생각해보면 됩니다.

2016년이면 2007년, 2017년이면 2008년(단 2010년과 2019년은 예외)을 떠올려 봅니다. 제가 이 테스트를 많은 분에게 해 봤지만, 자기 과거를 잘 모르는 것에 놀랐습니다. 개인기록을 찾아보고 큰 사건 위주로 생각합니다. 기억이 안 나면 2015년과 2006년을 떠올려도 됩니다. 요지는 9년이라는 시간의 GAP을 두고 살펴보면 삶의 유사성이 있다는 것입니다.

조금 여유를 준다면 9년±1년 정도로 봐도 무방합니다. 꼭 수식에 대입하듯 기계적 사고로 생각하지 말고 전체적 흐름으로 생각합니다. 예를 들면 저는 2006년에 취업을 합니다. 그런데 2015년에 다시 저의 업이 바뀝니다. 2007년에 제가 살던 곳이 바뀝니다. 즉 2006년의 삶의 공간이 2007년에는 전혀 다른 곳으로 바뀝니다. 역시 2015년과 2016년은 이런 식의 사건이 일어납니다. 이해되나요? 9년 전 누군가 혹은 단체에서 인정을 받았다면 현재 그런 유사한 일이 있는지 생각합니다. 9년 전 처음으로 어딘가 소속되었다면 현재 새로운 조직에 속했는지 생각해봅니다. 일 년 단위로 생각하고 의미가 있었던 사건 중심으로 생각해봅니다.

재미있는 사실은 프로야구 FA 제도를 보면 국내와 일본은 9시즌입니다. 9년이 지나면 FA 자격을 얻게 됩니다. 기억할 수 없어 발견 못 하는 경우가 많습니다. 저는 10년 전 쓴 인터넷 댓글까지 찾아내어 기억을 되살렸습니다. 그래서 일기나 글을 쓰는 습관은 매우 좋습니다. 삶에 대한 애정이 생겨납니다. 모든 방법을 동원해서 떠올려 봅니다. 가장 좋은 방법은 그해의 느낌을 찾아내는 것입니다.

TV 프로그램 '응답하라' 시리즈처럼 그해 기분과 감정을 떠올려 가슴 속에서 울림이 일어나게 할 수 있다면 베스트(BEST)입니다. 그리고 유사성을 찾아봅니다. 화려한(운동선수, 연예인, 특정 재능으로) 어린 시절을 보냈다면 쉽게 가능합니다. 하지만 평범했던 20대 중반이라면 이런 순환성을 논하기엔 사연이 부족해서 찾아내기 어려울 수 있습니다. 그래서 30~40대가 가장 좋습니다. 이 '9년 GAP' 테스트를 해보면 삶의 순환성에 깜짝 놀랄 것입니다. 그리고 자기 삶에 대해 잘 모르고 있었다는 사실에 한 번 더 놀랄 것입니다. 세월의 흐름에 대해 처음으로 진지한 고민을 했을 것입니다. 기억하세요. 9년 씩 순환되는 삶의 유사성과 그 교훈에 대해서.

여기까지 읽는 동안 기억을 떠올리고 유사성을 발견하기는 쉽지 않습니다. 우리의 삶은 누가 기록해주는 인생이 아니기 때문입니다. 그래서 잠시 시간을 두어 생각을 해보길 권유 드립니다. 아래는 저의 일기이자 독백입니다.

나는 '노력 안 하는 사람'으로 낙인 찍힌 40세 조기 퇴직자였다. 무능하고 실력이 안 되어 내 발로 회사에서 나왔다. 이것은 솔직한 내용이자 현실적인 '나'를 정의하는 바른 표현이다. 하지만 나는 당당히 개인 사무실을 마련하였고 이것이 진정한 나를 표현하는 행동 방식이라 생각했다. 도대체 조직 부적응자이고 나약한 인간으로 폄하된 내가 어떻게 'It Think' 성향분석 브랜드를 만들고 '운 설계자, 내 운명을 바꾸는 아홉 개의 숫자 이야기'라는 책을 쓰기로 한 것일까? 이 의문은 책을 끝까지 읽는다면 알 수 있을 것이다.

2016년의 나를 숫자로 표현하면 '6'과 '7'이다. 이 의미는 'sprouting', 즉 새싹이 돋아나는 것, 새로운 출발이자 시작이다. 그래서 조금은 힘들 수 있는 상태다. 나는 이런 변화를 충분히 인지했고 단지 시기만 조율했을 뿐 그 결정에 망설임이 없었다. 내 사무실로 출근한 첫날. 여러 감정으로 조금 떨렸다. 그동안 대기업 조직생활을 해왔고 그곳에 수없이 출퇴근을 반복하는 동안에는 느낄 수 없었던 자존감을 느꼈다. 앞으로 이런 기분을 항시 느끼고 살 것이다. 일부러 좋은 위치에 깨끗한 사무실을 얻은 이유이기도 했다.

안내데스크에 인사를 하고 내 자리에서 노트북을 켰다. 모든 행동패

턴은 회사 다닐 때와 유사하지만 내가 접하는 세상은 지금껏 직장인으로 살면서 느낀 갑갑함, 억제됨, 괴로움과는 다른 창조적이고 자유롭기에 무한한 것이었다. 나는 블로그 작업을 시작하고 앞으로 쓸 글을 생각했고 진한 에스프레소와 프로틴 음료를 마셨다. 헤드폰으로 집중력 강화 음악을 들으며 타이핑되는 손가락은 생각의 속도를 따라가지 못해 오타가 자주 나왔다.

이제야 나는 즐겁다. 시간 가는 줄 모르고 일에 빠져들었다. 처음 경험한 몰입이었다. 새로운 사무실에서 삼성그룹 경영선언인 '스타트업 삼성'에 관한 기사를 보며 웃음을 지었다. '창업'이라는 의미가 바로 'sprouting', 숫자 '6'과 숫자 '7'이기 때문이었다. 나는 사람들에게 간단하고 접하기 쉬운 방식을 통해 '스스로 인생설계' 할 수 있는 지식을 주고 싶었다. 스스로 생각할 인생의 주제를 감히 알려주고 싶었다. 그것을 알면 현재의 문제를 쉽게 해결할 수 있고, 원인을 알기에 성향에 맞게 스스로 대처할 수 있다. 나는 이것을 '운 설계자'라고 부르고 이런 방법이 자신의 골든 에이지(전성기)를 찾을 수 있다고 생각했다. 고민에 대한 토탈 솔루션으로 기존의 심리 상담, 정신분석 혹은 전문가의 답변과는 전적으로 다르다.

개인에 따라 맞을 수도 있고 틀릴 수도 있다. 모든 것은 자신의 성향과 상황에 따라 달라진다. 이것은 도덕과 윤리적인 불문율까지 틀려질 수 있다는 의미다.

'명언도 누구에게는 독이 되고 망언도 누구에게는 약이 된다.' 이 말의 의미를 잠시 뒤 이해하게 될 것이다.

본인의 숫자를 찾아내어 상황에 맞는 의미를 알면 문제를 스스로 풀수 있다. 낯선 컨셉에 거부감을 느껴 이미 책을 덮어버린 분도 있을 것이다. 하지만 나는 큰 기회를 놓친 것이라 생각한다. 그렇다. 나는 교수도 아니고 박사도 아니며 연구자도 아니다. 그래서 B급이다. 'A급보다 수준이 낮다'는 의미가 아니라 '내용이 다르다'는 의미다. 오랜 시간을 통해 숙성시킨 분석 툴(Tool)이지만 쉽게 호응해 주리라고 기대하지 않는다. 단지, 기존의 상담에서 얻지 못한 것을 아는 것에 만족한다.

사실 이처럼 쉽고 간단하게 자신의 숫자를 선정해서 '나는 ~처럼 행동하고 나는 ~처럼 생각한다'고 말해주며 자신의 '운'과 미래에 대한 통찰을 줄 수 있는 어떤 상담도 분석 Tool도 없다. 흔한 사주풀이, 흔한 심리 상담이 아닌 완전히 새로운 방식이다. 이 책을 읽는 분은 나와 1:1 대화를 한다고 생각하고 읽었으면 한다.

이 책에서 등장하는 'It Think'는 제가 만든 성향분석법을 통한 일종의 생각 프레임입니다. 이러한 프레임을 가지고 사람을 바라보며 사건의 상황을 분석하는 방법이기도 합니다. 그것을 시작하는 책이 현재의 '나'를 정의할 수 있는 운 설계자 1편입니다. 나의 숫자를 찾고 제대로 정의하여 인생의 변화와 순환에 대한 기초적 지식을 주기 위한 책입니다. 즉 운 설계자가 되기 위한 필요성과 연관된 이야기를 통해 자신을 바로 인식할 수 있습니다. 이 책을 읽는 동안 여러분은 아래 단계를 거치게 됩니다.

숫자 찾기→ 숫자 의미 파악하기→ 성향(행동, 마음) 배치하기→ 자신의 행동 이미지를 실제 사례에 적용해보기→ 자신의 마음 이미지를 실제 사례에 적용해보기→ 현재 문제, 고민에 적용해보기→ 주변에 적용해

앞으로 출간 예정인 내용은 운 설계자 2편은 ① 성향순환 만들기, ② 인생 그래프 만들기, ③ 변화와 순환에 관한 것입니다. 이 외에도 1인 지식창업분야, 기업 조직 교육 프로그램분야(미래예측 인사이트 개발)에 대해서도 준비 중입니다.

차례

1.

_ 운 설계 _

나의
숫자를
가진다는
의미?

먼저 아래 3명의 사연을 소개합니다. 아래 사연의 주인공들은 모두가 자신의 나이에 꿈을 찾는 것이 이상하다고 합니다. 그래서 이들을 일컬어 방황하는 '어른아이'라고 지칭하기도 합니다.

먼저 대기업에 취직한 강 씨(35세)는 입사 7년 차에 서울 상위권 대학 경영학과를 졸업했습니다. 당연히 주변 가족과 지인들은 모두 그를 부러워했지만 항시 마음은 불편했다고 합니다. 그는 그런 사람들의 부러운 시선에 3년을 만족하며 보냈지만 그 후론 오로지 월급 때문에 회사에 다닌다고 합니다. 그리고 일에 대한 적성을 고민했고 적성이 아닌 걸 알면서도 그대로 있는 자신에 대해 후회를 한다고 합니다.

주변에 조언을 구해도 매번 듣는 소리는 뻔한 현실적인 이야기이기에 지금이 자신의 사춘기 같다고 이야기합니다.

두 번째 사연인 입사 6년 차 박 씨(31세)는 최근 회사를 관두고 장기 여행을 떠나겠다고 결심했지만 주변에서 듣는 이야기는 박 씨를 현실도피 하는 철없는 사람으로 평가한다고 합니다. 그런 이야기를 들은 후 하고 싶은 일이 실패하는 것에 대해 두려움을 가지게 되었다고 합니다. 하지만 박 씨는 이제는 정말로 자신의 스스로 결정을 내릴 수 있는 시기가 온 것이라고 생각합니다.

세 번째 사연의 주인공인 김 씨(28세)는 어린 시절부터 취업할 때까지 스스로 결정할 수 있는 것이 없었다고 합니다. 좋은 중고학교, 좋은 대학, 좋은 회사에 가는 것을 너무도 당연한 생각이어서 한 번도 자신이 좋아하는 일인지 생각해 본 적 없다고 합니다. 하지만 사회생활을 한 뒤 이 문제에 대해 진지하게 돌아보게 되었다고 합니다.

위의 사연에 많은 분이 공감할 것입니다. 모두 당장의 취업이 우선시 되었습니다. 실제 통계자료를 보더라도 2016년 4월 기준 청년 실업률은 10.9%로 역대 가장 높은 수치를 기록 했습니다. 그리고 직장이 인생의 행복을 주는 것이 아니고 진정한 자아를 찾는 것이 중요하다는 것을 뒤늦게 깨닫게 됩니다. 그래서 다시 시작하고 싶은 마음에 여러 곳에 상담을 받고 의지를 해보지만 그런다고 쉽게 해결할 수 있는 문제가 아닙니다.

이와 관련해서 한 전문가는 이렇게 이야기합니다.

모두 주변에서 좋다고 하는 것만 좇다가 정작 자신이 원하는 걸 모르는 채로 대학에 입학하고 직장에 들어갔습니다. 그래서 이런 과정에서 자신의 정체감이나 자존감의 근원에 대한 깊은 고민이 부족한 것으로 봅니다. 그 결과 직장과 자신의 업무에 대해 회의감을 가지게 되는 경우가 많습니다. 결국 이런 문제를 해결하기 위해서는 지금이라도 스스로에 대한 고민을 해야 합니다.

—이임순 서울정신분석 연구소 상담가

제가 이야기하는 '나의 숫자를 가진다는 의미?'란 자신의 정체성, 자존감에 대해 고민할 컨텐츠(Contents)가 생기는 것입니다. 첫 번째 사연의 강 씨는 35세입니다. 사춘기라고 쓴웃음을 짓는데 정확히 봤습니다. 이 시기에 성향이 크게 변하는 시기가 옵니다. 저는 이 시기를 일명 'PHASE SHIFT'라고 하며 'NOT'의 시기라고 합니다. 즉 자기 성향의 상태(예를 들면 액체상태에서 기체상태로 변하듯)가 변합니다. 이것이 반대로 변한다고 생각하면 됩니다. 쉽게 말해 온순하던 성격이 급하게 바뀌거나 조용한 성격이 시끄럽게 바뀝니다. 그러니 '사춘기'로 오해하는 부분입니다.

두 번째 사연의 입사 6년 차인 박 씨는 장기 여행을 가려고 하는데 현실도피라는 주변의 악담에 주저합니다. 아마 이분 머릿속에 드는 생각은 숫자 '2', 즉 바람 같거나, '9', 하늘 같을 것입니다. 이때는 말 그대로 현실에 벗어나는 생각만 합니다. 이럴 때 지혜로운 조언은 '현실도피 하지 마!' 라는 상투적인 이야기(저는 악담이라 표현합니다)가 아니라 짧은 기간이라도 떠날 수 있게 도와주어야 합니다. 벗어나고 싶은 욕구를 해결해 줄 '어떤 것'이나 '어떤 곳'을 마련해주지 않는다면 일까지 그만둘 수 있는 극단적 상태로 보입니다.

자신의 숫자가 있다면 그 기준으로 상황 판단을 할 수 있습니다. 즉 앞서 밝힌 것처럼 현실도피성 발언이라는 자책감과 실패를 두려

위했다는 자괴감에 빠지지 않고 자신의 자연스러운 변화를 수용해서 긍정적이고 효과적인 해결안을 스스로 낼 수 있습니다. 아마 저 같으면 '야구장'을 갔을 것입니다.

세 번째 사연의 28세 김 씨는 일이 적성에 맞지 않는다고 고민을 합니다. 이때 성향분석을 하면 만일 일이 맞지 않으면 맞는 쪽으로 전환하기 위해 '언제' '어떤 과정'에 대한 인생 설계를 할 수 있습니다. 이것이 제가 말하는 '운 설계자'입니다. 무작정 때려치고 이직을 한다는 이야기가 아닙니다. 다른 부서 이동을 할 수 있고 때로는 휴직이나 자기에게 맞는 취미 활동을 할 수 있습니다. 그와 동시에 내 성향 변화를 예측하여 '그때', 즉 '결심의 시기'를 조율합니다. 인생에 장기적 계획을 가지고 현재 문제에 대처할 수 있는 지혜가 생깁니다.

많은 분이 '다시 시작하고 싶은데 뭘 해야 할까요?'라고 묻습니다. 저는 자신의 성향에 맞는 일을 하는 것이 가장 최선이라고 말씀드립니다. 이 성향에 맞는 일이란 스스로에게 가장 자연스러운 일입니다. 그래서 스스로 알 수 있습니다. 문제는 정체성과 자존감의 근원에 대해 고민을 해보지 않은 분에게 무조건 스스로 찾아보라고 하면 시간이 매우 오래 걸리고 힘든 과정이 필요합니다.

저는 우리가 겪는 이런 힘든 과정을 좀 더 쉽고 간단하게 알아볼 수 있는 방법에 대한 연구를 했습니다. 사실 저 역시 지금껏 이 문제를 고민하며 살았습니다. 그리고 저만의 분석 알고리즘을 개발하자 모든 인생의 문제들이 단숨에 풀리기 시작했습니다.

우선 정체성과 자존감의 자기 기준이 있어야 합니다. 그리고 이것은 각자 다릅니다. 어떤 조언이건 좋은 말도 획일적이고 일방적인 경우가 많습니다. 직장을 그만두려는 분에게 우리는 흔히 이런 말을 많이 합니다. '다 힘들고, 다 먹고 살려고 하는 일이다. 적성에 맞게 일하는 사람이 없다'는 조언을 합니다. 흔히 상담을 받더라도 이 수준에서 벗어나지 않습니다. 그러니 마음만 답답해집니다. 하지만 지금보다 덜 힘들게 살 수도 있고 꼭 먹고 사는 문제만 있는 것도 아니며 적성에 맞춰 잘 사는 분도 있습니다. 매우 많다고 저는 봅니다. 자신의 일이나 삶에서 성공했다고 스스로 이야기하는 분들입니다. 그래서 평범하게 직장 다니고 가정을 꾸리며 사는 우리가 이런 고민을 더 많이 하게 되는 이유입니다. 그냥 이대로 살라는 조언이 우리를 움켜잡고 있고 그렇게 시간은 흐르고 여러분은 늙어갑니다. 그리고 분명하지만 나중에 후회합니다.

만일 제가 10년 전에 자기 정체성과 자존감의 근원에 대한 '나의 숫자'를 알았다면 저는 취업하지 않았을 것입니다. 20년 전에 알았다면 저는 대학도 가지 않았을 것입니다. 당시 제가 하고 싶은 일을 했을 것입니다. 온전한 제 삶을 살았을 것입니다. 대학과 회사에서 무려 20년을 보냈습니다. 인생에서 어마어마한 시간입니다. 허무했지만 유일한 소득이 하나가 있었습니다. 그것이 바로 제가 주장하는 성향분석법, 생각의 알고리즘입니다. 이런 시기를 겪고 태어난 소중한 '지혜'이자 미래의 '통찰력'입니다.

'통찰력'이라는 부르는 이유는 어떤 것을 하나로 정의한다면 그 하나가 변하는 과정을 미리 알 수 있기 때문입니다. 원리는 간단합니다. 봄이 오면 여름이 오고, 가을이 오고 겨울이 옵니다. 오르막이 있으면 내리막이 있습니다. 최악이 있으면 최선도 있습니다. 우리는 이런 식의 지혜를 이미 가지고 있습니다. 이런 내용들이 운 설계에 담겨 있습니다. 그래서 자신의 '그때'를 알고 긴 인생에 대비할 수 있습니다. 그렇게 삶의 통찰력이 생기게 됩니다.

과장된 내용이라고 생각하나요? 제가 주장하는 방식으로 자신의 숫자를 찾고 조금이라도 맞는다면 앞으로의 이야기를 들으면 됩니다. 더 정확히 알려면 직접 컨설팅을 받으면 됩니다. 여러분이 스스로를 속이지만 않는다면 자신의 문제에 대한 해답을 다 찾을 수 있습니다. 하지만 우리는 알게 모르게 거짓말을 합니다. 본인 스스로도 자기가 누구인지 모릅니다. 맞습니다. 충분히 그럴 수 있습니다.

유명한 'MBTI 검사'란 것이 있습니다. 여러분도 한 번쯤 들어 봤거나 실제로 검사받았을 겁니다. 처음부터 내향적인 성향과 외향적인 성향을 구분하고 시작합니다. 내향적이면서 외향적인 성향은 존재하지 않습니다. 저는 의문이 들었습니다. 저는 내향적이면서 외향적입니다. 그래서는 젊은 시절 방황을 했습니다. 도대체 내가 왜 이러는지 알 수 없었습니다. 내향적이면서 외향적인 성향을 동시에 가지고 있기에 저는 매우 긍정적이고 밝고 친절한 동시에 자주 조용해지며 혼자 있는 것을 좋아하고 말을 더듬었습니다. 신기합니다. 외향적인데 말을 더듬고 처음 보는 사람과 이야기도 못합니다. 그럼 내향적인가요? 아닙니다. 처음만 그렇지 금새 친해지고 말도 잘합니다.

정신의학적 분석을 하면 너무 소심하고 겁이 많은 여성적인 사람이라고 합니다. 하지만 이유는 모릅니다. 그렇다고 합니다. 무슨 병명을 달거나 약을 줍니다. 간단합니다. 이런 조치가 있어야만 돈값을 한 것이고 뭔가 조치를 취한 것 같습니다.

하지만 저는 이 해답을 스스로 찾아냅니다. 저의 숫자 '8'과 '2'입니다. 이 조합의 성향적 특징이 원인이었습니다(뒤에서 숫자를 설명합니다. 지금은 그냥 편하게 읽으면 됩니다). 땅과 바람의 조합이자 여성성과 남성성의 조합이자 소심과 대범의 조합이자 보수와 진보의 조합입니다. 이런 성향이 간혹 환경적 요소가 더해져 일종의 Balance(균형)가 맞지 않으면 어린 시절 이런 문제가 생길 수 있습니다. 저는 왜 말을 더듬었을까요? 성향분석을 해보면 쉽게 이유를 알 수 있습니다. 마음이 바람과 같습니다. 즉 마음은 빨리 움직이고 급합니다. 또한 생각이 많습니다. 그런데 행동 방식은 땅과 같습니다. 땅처럼 움직이지 않고 조용합니다.

그러므로 생각하는 말과 실제 튀어나오는 목소리의 성향적 균형이 깨지면 말을 더듬게 됩니다. 여기까지 이야기하면 어떤 분은 거짓말이라고 합니다. 하지만 실제 저의 사례입니다. 더 놀라운 사실은 말을 더듬는 것은 나이가 들면서 거의 사라졌습니다. 하지만 아직도 급하게 이야기해야 할 때, 긴장될 때와 같은 스트레스 상황이 오면 조금 더듬습니다. 그럼 이 부분은 어떻게 설명할까요? 제가 의학적 약물로 치료받았습니까? 제가 심리적 언어 교정 치료를 받았습니까? 결코 아닙니다. 최고의 언어교정치료학자가 저를 고친 것이 아니라 시간과 세월의 경험이 고친 것입니다. 신기한 일입니다. 하지만 그냥 넘어갈 수 있습니다. '다행이다.' 생각하면 그만입니다.

하지만 저는 이 부분을 고민했고 변화의 법칙을 찾아냅니다. 즉 성향이 변합니다. 성향은 나이가 들면 변합니다. 당연한 소리 같지만 의식하기는 쉽지 않은 부분입니다. 저의 땅과 같은 행동이 바람처럼 바뀝니다. 마음과 행동의 성향적 균형이 잡힙니다. 그때서야

비로소 생각했던 말이 자연스럽게 목소리로 나올 수 있습니다. 이런 내용을 거짓없이 솔직하게 타인에게 이야기할 수 있나요? 저도 처음 공개했습니다. 누구나 숨기고 싶고 숨길 수밖에 없는 부분이 있습니다. 이것은 스스로 해결해야 하는 부분입니다.

이런 통찰력이 생긴 후 저는 적절히 '때'를 대비했고 실제 '때'가 와도 당황하지 않고 결정이 필요할 때 대응했습니다. 비로소 혼란의 실체에 접근했기에 마치 태풍의 핵처럼 저 자신은 고요할 수 있었습니다. 이미 책을 쓰는 시기까지 예전부터 계획했다면 믿겠습니까? 저는 처음 책을 씁니다. 글을 잘 쓰고 싶은 마음은 있었지만 한 번도 이런 도전을 해보지 못했습니다. 그런 제가 과감하게 결단을 내리게 됩니다.

지금이 글 쓰는 기준으로 볼 때 가장 잘 써지는 '때'이기 때문입니다. 쉽게 말해 이런 것입니다. 만일 누군가 글을 쓰고 책을 출간하고 싶다고 생각해서 그 방법에 관한 책을 읽고 따라 해봅니다. 하지만 대부분 하다가 맙니다. 저는 이 부분을 성향적으로 봅니다. 단순한 충동일 수 있거나 자기의 '때'가 아니라는 뜻입니다. 즉 충분히 익지 않은 과일입니다. 그러니 아직은 시간을 두고 기다려야 합니다. 자신의 '때'을 위해서 다른 준비를 해야 합니다.

그런데 가장 큰 문제는 '나는 글재주가 없다'고 빨리 낙담하거나 전설적인 책 쓰기 고수와 자신을 단순 비교해서 초라한 스스로 모습에 절망감을 느낍니다. 저는 단언합니다. 책 쓰기 고수의 능력 또한 자기 장점을 극대화 시킨 것일 뿐이지 '나'와 비교 대상이 아닙니다. 그냥 '그것을' 잘하고, 잘할 수 있는 사람일 뿐입니다. 최근 책 많이 쓴다고 자랑하는 분이 무척 많아졌습니다. 평생 그럴까요? 다

한때고 시기가 있습니다.

　이런 식의 분석과 해결안이 성향 분석 내용입니다. 자신의 숫자를 아는 것은 삶의 이정표를 보는 것과 같습니다. 매 순간 자기 기준이 있어 더 이상 '방황하는 어른아이'는 없습니다. 그리고 더 이상 답 없는 전문가의 상담을 받을 필요도 없습니다. 좀 더 솔직한 이야기를 하겠습니다.

2.

나를
이해하기
위한
숫자 발견

1.
'It Think, 운 설계'의 시작

사람들이 살아가면서 가장 고민하는 것이 무엇일까요?

저의 경우 '내 인생은 왜 이럴까?' 라는 의문이었습니다. 늘 궁금했습니다. '나는 누구인가?' '앞으로 어떻게 살아야 하는가?' '내 인생은 왜 이럴까?'

이런 주제는 흔히 '철학적'인 내용과 결부시켜 결국엔 단순히 자기 위안적 문장으로만 귀결되는 부작용이 나오기도 합니다. 또는 이런 생각 자체를 부정하고 현실에 더 몰두하게 만들기도 합니다. 누구나 한 번쯤 생각했을 내용일 것입니다.

하지만 저는 꽤나 이 주제에 집착했습니다. 10대 시절부터 관심을 가져왔고 그때는 내가 누구인지 가장 궁금했습니다. '도대체 나는 누군가?' 교육기관에서 제공하는 여러 성격테스트, 적성테스트 등 이런 것들로 나를 표현하기엔 뭔가 부족했고, 찝찝하기도 했습니다. 뭐 별수는 없었습니다. 세상이 시키고 원하는 대로 바르게 학교 다니고 대학에 들어갔습니다. 그리고 자신이 누구인지 모른 채로 어른이 되어 버렸습니다.

하지만 저는 아이였습니다. 겉모습만 어른인 아이. 철없는 20대.

방황이 시작되었습니다. 학교 수업을 거부했고 시와 소설 그리고 철학 서적이 귀신처럼 저를 지배하더니, 휴학하고 그림을 그렸습니다. 캔버스가 단지 컴퓨터로 바뀌었을 뿐입니다. 3D 컴퓨터 그래픽을 시작했습니다. 잠시 그렇게 살더니 다시 복학하고 대학원까지 진학했습니다. 전공은 '의료공학'이었습니다. 지금은 이유를 알지만 그때는 정말 20대가 싫었습니다. 이 전공이 나에게 맞을 리 없었지만 저는 대기업에 취업까지 했습니다. 그리고 그렇게 10년을 보냈습니다. 결혼도 하고 아이도 키웠습니다. 저는 이 말을 꼭 합니다. 이 의미는 바로 제가 평범한 사람이라는 것을 강조하기 위해서입니다.

'나는 특이한 사람이 아니다.' 제가 하는 이야기가 결코 극단적인 상황에서 나오는 특이한 내용이 아니라는 뜻입니다. 그런 상황을 겪은 사람의 조언을 주의해야 합니다. 우리는 살면서 그런 일을 겪지 않는 매우 평범한 사람들입니다. 여기서 평범하다는 것은 사회생활하고, 학생이거나 그럭저럭 밥 먹고 살며 결혼을 했고, 자녀도 있는 것입니다. 흔한 말로 남들 할 것은 다 해 본 사람이라는 뜻입니다. 저는 이 의미가 유명인들, 성공한 사람들, 종교인들, 기타 떼돈 번 것을 자랑하는 사람들의 조언보다도 더 들을 만하고 현실적인 이야기라는 뜻입니다.

평범하게 사는 것이 가장 힘듭니다. 모든 것을 피한 적 없는 우리가 더 강인한 사람이고 더 대단한 사람입니다. 그렇기에 현실과 맞지 않는 유명인사의 이야기는 대부분 '헛소리'가 될 가능성이 많습니다. 하지만 문제는 우리는 그런 이들의 매력적이고 환상적인 이야기에 솔깃해서 따라 합니다. 그리고 꼭 이런 감정을 느낍니다. '역시 나는 안되는 사람이다!' '역시 나는 부족한 사람이다!' '역시 나는 못난 녀석이다!' 같은 생각은 참 무서운 현상입니다. 가장 존중 받아야 할 스스로를 비난하게 됩니다. 이런 자책의 매커니즘은 바로 기존 자기계발서를 비롯한 유명세를 치른 사람들, 흔한 부자들, 흔한 성공한 사람들이 여러분에게 던지는 메시지의 핵심입니다. '아닌가요?'

저 역시 그런 피해자였습니다. 저 역시 저를 비난했고 내가 못난 녀석이라 생각했습니다. '회사 생활에 적응 못하는 못난 놈' '돈도 못 벌고, 진급도 빨리 못하는 녀석' '집도 차도 못 사고, 남들 가진 무엇이 없는 사람' '열정적으로 일도 못하고, 뭐 하나 잘난 구석이 없는 사람' '동료들보다 늘 뒤처지는 사람' 같은 말들이 제 주변을 맴돌았습니다. 성공한 사람의 기사를 읽을 때마다 자괴감을 느끼게 됩니다. 그래서 미친 듯이 자기계발서 읽고, 심리학 공부를 하고, 경영서적을 읽었습니다. 저도 노력해야 했습니다. 회사는 사회는 세상은 저를 가만히 두지 않으니까요. 여러분도 이런 심성이지 않을까요?

그렇게 저의 고민은 다시 시작되었습니다. 그동안 살면서 잊었던 고민입니다. 주로 '나는 누구이며, 나는 어떻게 살까? 나는 지금 왜 이럴까?' 같은 고민입니다. 회사 다니며 다양한 공부를 하려면 인내가 필요하고 또 하나가 더 필요합니다. 바로 회사를 그만둘 각오를 해야 합니다. 당연히 회사업무에 소홀해질 수밖에 없습니다. 이것을 부정한다면 그것은 당신이 스스로에게 거짓말한다는 뜻입니다. 만일 소홀하지 않았다면 이미 당신은 잘나가는 직원, 부장, 임원이 되었을 수도 있고 꽤 많은 경제적, 사회적 성과를 이루었을 것입니다. 저는 이런 고민의 결과를 이 책에서 이야기하려고 합니다.

흔히 '사주팔자'를 많이 봅니다. 비웃지 말기 바랍니다. 국내 얼마나 많은 소위 '철학관, 철학원'이 있는 줄 알고 있나요? 이미 점집은 한국인의 삶 깊숙이 자리 잡았습니다. 그리고 지나친 부분도 있지만 일정 부분에서는 긍정적인 역할도 하고 있습니다. 사주와 단순히 점을 보는 것은 다릅니다. 사주풀이는 주로 사주명리학(대략 1,000년 역사) 기준으로 생년월일을 통해 다양한 사람의 관심거리(돈, 사랑, 가족, 성공 등)에 대해 결정론적으로 풀이해주는 것입니다. 그렇기 때문에 프로그램까지 만들어졌습니다. A를 입력하면 B가 나오는 것입니다. 하지만 전체 풀이 기준에서 보면 자기와 맞는 부분과 안 맞는 부분이 있습니다. 그러므로 핵심을 얻기는 쉽지 않습니다. 실제 상담을 받으면 상담가의 경험에 따라 해석이 달라집니다. 그래서 여러 점집을 전전하는 분도 많습니다. 또 하나 '신점'으로 흔히 무속인이 주로 사용하는 방법입니다. 말도 많지만 이들은 '신기'라고 주장하며 다양한 방법으로 미래를 예지하고 운명을 풀이해줍니다.

저 역시 점집을 다녔습니다. 왜 다녔겠습니까? 잘 맞는 것처럼 보입니다. 내가 어떤 사람이고 앞으로 어떻게 될 것인지 알 수 있습니다. 하지만 놓치는 부분이 많습니다. 원인을 모르고, 어떻게 살아야 할 것인지 내 상황에 맞게 제시하지 못합니다. 그리고 전체적으로 현시대에 안 맞는 경우가 많고 획일적이기도 하며 용어 자체가 무시무시하여 공포심을 유발하게 합니다. 왜 그럴까 생각해보면 우선 한자를 비롯한 옛날 언어를 많이 쓰기 때문이고 굉장히 자극적으로 사용해야 사람들이 관심을 가지기 때문입니다.

예를 들면 '의료계 진출할 사주' '법조인이 될 사주' '재복과 관운을 다 가질 사주' 등 마치 사주가 모든 것을 결정하는 듯이 이야기합니다. 인터넷에서 사주풀이 관련 블로그나 카페 글을 한번 읽어보면 그들만의 세계처럼 보입니다. 그리고 수많은 점집, 소위 전문가라 불리는 이(의사, 박사, 교수)들의 솔루션이 어색한 또 다른 이유 중 하나는 그들은 제가 말한 부분인 일반적이고 평범한 삶을 살지 못한 경우가 많습니다. 전문가가 사회적인 지위와 권위를 가졌기 때문이라면 점집은 소위 세상과 단절된 사람이 많습니다. 이 경우는 다양한 종교인도 포함됩니다.

'무슨 산에서 수십 년 도를 닦았다!' '이 공부만 죽어라 수십 년 했다' '이 일에 올인하여 결혼도 안 하고 아이도 없고 오로지 한 길만 갔다'고 이야기하고 책만 본 독서 중독자, 자격증만 내세우는 서류 중독자라면 들을 필요가 없습니다. 여러분 역시 일반적인 모든 것들, 결혼도, 직장도, 아이도 포기한다면 따라 해도 됩니다. 저도 실제로 이런 공부를 한 분들에게 배웠고 그들의 책을 읽었습니다. 하지만 무엇인가 빠진 듯했고 무척 부자연스러웠습니다.

요즘 '타로집'이 유행입니다. 저도 관심이 생겨 클래스(수업)에 참여해봤습니다. 그런데 함께 배웠던 대다수는 '타로집' 창업을 꿈꿨습니다. 이렇게 배우고 장사를 한다고 생각하니까 저는 솔직히 황당했습니다. 누굴 조언해 줄 입장이 아닙니다. 20명 클래스에 남자는 저 하나였습니다. 한번 생각해보세요. 뭔 상담을 할까요? 그래서 연애 상담만 무수히 합니다. 그렇게 타로는 연애 상담하는 것으로 오해합니다. 타로 철학에 대해서는 공부하지 않습니다. 그러다가 제 사상의 토대가 되는 '주역'을 접했습니다. 이 책은 유교의 경전 3경의 하나이며 쉽게 말해 우리나라 태극기 의미를 알 수 있는 책이라 생각하면 됩니다. 변화의 원리를 설명하고 말하는 요지는 '현재를 알면 미래를 알 수 있다'입니다. 저는 이런 공부를 했습니다. 그리고 몇 년 숙성시켰습니다. 평범하게 살면서, 회사 다니고 결혼하고, 아이 키우면서.

결국 저만의 생각의 프레임을 만들고 중요한 요소인 '숫자'가 가진 의미를 하나씩 조합하기 시작했습니다. 그리고 주변 사람에게 적용해보았습니다. 잘 맞았습니다. 그때 느낌, 기분을 잊을 수 없었습니다. 드디어 내가 누구인지 정의할 수 있었고, 어떻게 살아야 할지 알 수 있었으며 내가 왜 이렇게 하는지도 알 수 있었습니다. 어떤 책 속 글귀도, 상담 분석도, 전문가의 답변에서도 얻을 수 없었지만 이제는 알 수 있었습니다. 그리고 그 앎이 제 인생을 바꿨습니다. 생각의 프레임이 바뀐다는 것은 삶 전체를 지배하는 기준이 바뀌는 것이기에 저 역시 그 변화에 수긍했습니다. 그리고 또 다시 기회를 잡기 위해 기다렸습니다.

자칫하면 이런 내용은 시중의 있는 책처럼 너무 복잡해집니다. 그리고 무슨 이론서처럼 방대한 내용이 됩니다. 그냥 책으로만 존재하기 쉽다는 뜻입니다. 공부하고 싶어서 이런 류의 책을 읽는 사람은 저 같은 사람 말고는 없습니다. 그래서 좀더 쉽고 간결하게 다듬어 갔습니다. 쉬운 용어로 다시 바꾸고 삶 속에서 의미를 발견하고 최대한 간단하고 직관적으로 생각할 수 있는 프레임으로 만들어갔습니다.

이 책을 사면서 여러분이 무엇을 기대했을까요? 이 책은 돈을 더 벌게 해주지도 않고 성공을 빠르게 해주지도 않습니다. 더욱이 창업을 쉽게 하게 해주는 책도 아니고 고매하지만 어려운 인문 철학

서적도 아닙니다. 저는 교수들처럼 ~학, ~론과 같은 거대 담론을 이야기할 능력이 못 되는 사람입니다. 단지 진짜 자신을 알 수 있을 인생 주제, 자신만의 삶의 'Think', 자신의 '운'을 알기 위한 방법을 이야기 하고 싶을 뿐입니다.

2.
당신의 숫자를 찾습니다

만일 당신에게 맞는 숫자가 있고 그 숫자의 의미를 시기별, 상황별 적용해서 생각할 수 있다면 좀 더 현명한 판단에 도움이 되지 않을까요? 이 생각이 '숫자'에 집중한 이유였습니다. 그럼 그 숫자를 어디서 어떻게 찾아낼까요? 저는 '수비학' '타로학'에 숫자와 '주역'의 이론을 조합했습니다. 그래서 자기 숫자 추출법을 '자신이 태어난 해, 월, 일'로 결정했습니다.

결과물이 아래 '숫자 정리표'입니다. 사실 이 표가 핵심입니다. 감히 말씀드리자면 이 표만 이해할 수 있다면 인생살이가 조금은 수월해질 수 있다고 생각합니다. 자신의 숫자 추출법은 이렇게 해 보길 바랍니다. (이론서가 아니기에 이유까지는 생략합니다.)

본인의 생년월일(양력 기준으로)을 적어봅니다. 양력을 첫 번째 기준으로 하고 잘 모르면 다른 생일(자주 사용하는 생일, 음력)로 해야 합니다. 이 결과가 수비학적으로 유의미한 성향을 나타내는 본인의 숫자입니다. 수식처럼 분모와 분자를 구해야 합니다. 특히 숫자 더하기는 실수가 많으니 계산에 주의합니다.

1) 분모: 마음의 숫자 더하기

생일만 더합니다. 예를 들면 8월 3일, 0803입니다. 흔히 이렇게 씁니다.

그러면 0+8+0+3을 하면 됩니다. 만일 12월 31일이라면 1+2+3+1 을 하면 됩니다. 더한 숫자가 9를 넘으면 다시 각 숫자를 더해야 합니다. 즉 0+8+0+3=11입니다. 9가 넘습니다. 그러면 결과인 11를 다시 1+1=2로 합니다. 만일 10이면 다시 1+0=1로 합니다. 이렇게 1~9 사이의 결과가 나올 때까지 하나씩 더하기를 합니다. 이 숫자 2가 본인의 마음의 숫자가 됩니다.

2) 분자: 행동의 숫자 더하기

생년월일을 다 더합니다. 예를 들면 1977년 8월 3일, 19770803이 됩니다. 그러면 1+9+7+7+0+8+0+3을 하면 됩니다. 그러면 35가 나옵니다. 더한 숫자가 9를 넘으니 다시 각 숫자 더해야 합니다. 3+5=8이 됩니다. 이 숫자 8이 본인 행동의 숫자가 됩니다. 분자, 분모 둘 다 1~9 사이 나올 때까지 더해야 합니다.

숫자	PHASE	별명	도식	이미지	상징성	해석
1	0	(능력자) 지배자 소통가		산 바람	벽 시계추	고정성 동적 연결성
3 7	1	(능력자) 법률가 선구자		연못 벼락	그릇 송곳	보관성 직진성
2	0	소통가		바람	시계추	동적 연결성
7	1	선구자		벼락	송곳	직진성
3	0	법률가		연못	그릇	보관성
4	1	지배자		산	벽	고정성
4	0	지배자		산	벽	고정성
3	1	법률가		연못	그릇	보관성

숫자	PHASE	별명	도식	이미지	상징성	해석
5	0	지식인		빛	불	조화성
6	1	창조자		물	물	초연결성
6	0	창조자		물	물	초연결성
5	1	지식인		빛	물	조화성
7	0	선구자		벼락	송곳	직진성
2	1	소통가		바람	시계추	동적 연결성
8	0	봉사자		땅	양	수용성
9	1	열정가		하늘	사자	확장성
9	0	열정가		하늘	사자	확장성
8	1	봉사자		땅	양	수용성

3.
성격이 운명을 만드는 운 설계 기본 원리

운명이란 무엇일까요? 아래 그림을 보길 바랍니다.

운명이란?

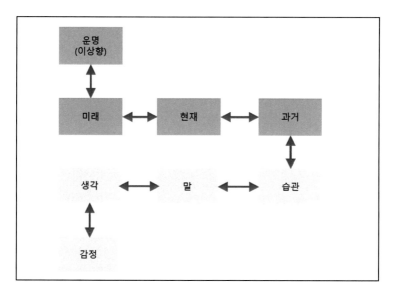

여기까지는 이미 많은 분이 알고 있고 여러 책에 거론된 내용입니다. 혹시 처음 보는 분이라면 자세히 보기 바랍니다. 자기계발의 정수가 담긴 그림입니다. 저는 이 내용을 정신의학 세미나에서 실제로 배운 내용입니다. 즉 가장 아래 생각과 감정이 → 운명(이상향)까지 연결되어 있습니다. 기존 정신의학계, 자기계발서 이론이 제시하는 계발, 개선, 발전의 원리라고 생각하면 됩니다. 이를 기본으로 아래 표가 나온 것입니다.

$$성향 = \frac{현재\ 행동}{현재\ 생각} \uparrow \frac{결과}{원인} = \frac{말}{감정} = \frac{행동(결과)}{마음(원인)}$$

$$T = \frac{A}{M}$$

A : Action
M : Mind
T : Character

T, M, A = 성격, 감정, 행동

그리고 저는 헤라클레이토스의 '사람의 성격은 그 사람의 운명이다'는 말을 모토로 삼았습니다. 즉 내가 지금 하는 생각과 행동의 합을 성향이라 하며, 그것의 합이 운명까지 연결되는 루트에 관한 이야기입니다. 그래서 저의 분석을 TMA 성향 분석이라고 합니다. 그럼 M과 A를 어떻게 알까요?

마음과 행동을 알기 위한 숫자 더하기를 말씀드렸습니다. 아니면 본인이 생각해 볼 수 있습니다. 그래서 1~9까지 성향 유형을 찾을 수 있습니다. 다시 한 번 숫자표를 유심히 보길 바랍니다. 그리고 8개의 자연현상에 대한 이미지를 살펴보겠습니다.

하늘, 바람, 빛, 벼락, 연못, 물, 산, 땅

이 사진을 보고 '~와 같은' '~처럼' '~의 느낌'을 가지고 생각하면 됩니다. 연상되는 이미지는 아마도 꼬리에 꼬리를 물고 생각될 것입니다. 그렇게 자신의 성향을 찾아봅니다. 자신이 8개 자연현상 중 어떤 것인지 생각해도 됩니다. 한번 찾아보는 겁니다. 그리고 아래 표처럼 다시 생각을 정리해 보길 바랍니다.

~와 같은, ~처럼, ~의 느낌으로 생각하기

$$\text{성향} = \frac{\text{현재 행동}}{\text{현재 생각}} \uparrow \frac{\text{결과}}{\text{원인}} = \frac{\text{말}}{\text{감정}} = \frac{\text{행동(결과)}}{\text{마음(원인)}}$$

$$T = \frac{A}{M} \quad \begin{matrix} \text{A : Action} \\ \text{M : Mind} \\ \text{T : Character} \end{matrix} = \frac{\text{당신의 숫자}}{\text{당신의 숫자}}$$

$$\frac{\text{행동을 8 기준으로}}{\text{마음을 2 기준으로}}$$

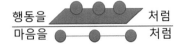

$$\frac{\text{행동을} \quad\quad\quad\quad \text{처럼}}{\text{마음을} \quad\quad\quad\quad \text{처럼}}$$

$$\frac{\text{행동을 봉사자 처럼}}{\text{마음을 소통가 처럼}}$$

$$\frac{\text{행동을 땅 처럼}}{\text{마음을 바람 처럼}}$$

$$\frac{\text{행동을 양 처럼}}{\text{마음을 시계추 처럼}}$$

$$\frac{\text{행동을 수용성 처럼}}{\text{마음을 동적연결성 처럼}}$$

이런 식으로 마음과 행동을 수식적으로 배치합니다. 이미지, 즉 상징성을 가진 '~와 같은' 생각을 할 수 있습니다. 이게 운 설계의 시작이자 가장 기본이 되는 방법입니다. 여기까지는 자신의 타고난 성향일 수도, 현재 성향일 수도 있습니다. 현존하는 가장 간단하고 손쉽게 본인의 잠재된 성향을 알아보는 방법입니다. 저는 이 알고리즘을 알아내기 노력했습니다. 그런데 그게 단순히 숫자 한두 개의 문제가 아닙니다. 아래 그림을 저는 '운명의 피라미드'라고 이름 지었습니다.

운명의 피라미드

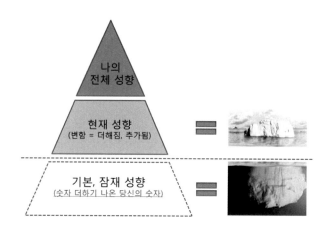

숫자를 더해서 나온 것은 위 그림처럼 빙산의 수면 아래 부분으로 이해하면 됩니다. 보통 기본성향, 잠재 성향이라고 합니다. 그런데 현재 성향이라는 것도 있습니다. 이 부분이 기존의 여러 심리, 예언분야(심리검사, 대체운명학(타로, 사주, 별자리 등))와는 다른 부분입니다. 뭐냐 하면 저는 변한다고 했습니다. 변하는 것은 더해지는 것입니다. 즉 더해진 것이 기본성향에 쌓이는 구조입니다. 피라미드 구조입니다. 그것이 자신의 전체 성향을 결정합니다. 이 부분은 눈에 보이는 수면 위, 빙산의 윗부분이 될 것입니다. 기억합니다. 피라미드처럼 성향이란 변하고 더해지는 알고리즘입니다.

운명의 피라미드 변형 1

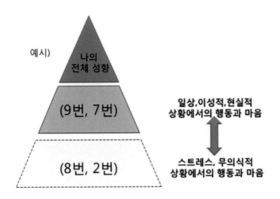

예를 들면 현재의 나는 일상과 이성적 상황에서는 9번과 7번과 같은 행동과 마음, 즉 성향을 가지고 있습니다. 이때 아무리 심리상담, 대체운명학에 의지해도 뭔가 어긋나는 느낌입니다. 심리상담과 대체운명학은 과거와 현재 그리고 미래를 연결하지 못합니다. 파편적인 자신의 모습만 보게 되는 것입니다. 평소에 나는 9번처럼 행동합니다. 하지만 결정적인 상황에서, 극심한 스트레스 상황에서 이상하게도 8번처럼 행동합니다. 자, 다시 봅니다. 평소에 나는 열정적으로 추진합니다. 그런데 특정 상황에서 나는 소심하게 물러납니다. 평소에 나는 남성스럽고 강한 의지를 보이다가 특정 상황에서 나는 남의 말에 솔깃하고 여성스러워집니다. 그림처럼 피라미드 구조로 쌓여 있습니다.

운명의 피라미드 변형 2

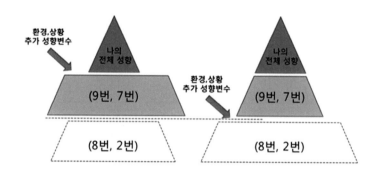

그리고 환경, 상황적 또는 추가되는 성향의 변수에 따라 그 피라미드 구조가 위 그림처럼 바뀝니다. 이러면 또 해석이 달라집니다. 즉 과거-현재-미래를 묶어서 종합적으로 판단해야 합니다. 그래서 자기 피라미드의 모양을 알아야 합니다. 결국 자신이 만드는 것입니다. 그러면 운명이 보입니다.

운명은 자신의 피라미드 모양입니다. 이 피라미드가 일생, 시기별, 연도별, 월별 존재하는 것이 'It Think' 생각법입니다. 오랫동안 운 설계를 할 주제이기도 합니다. 그렇습니다. 발견한 숫자는 자신의 가장 기초이며 뼈대 부분입니다. 운명의 피라미드에서 가장 아래쪽이며 '나'라는 것을 한 장의 종이로 볼 때 이미 쓰여진 부분으로 이해하면 됩니다.

'나'라는 종이 한 장

우리가 찾은 숫자에는 수비학적 원리가 일부분 섞여 있습니다. 수비학은 아래 내용으로 설명할 수 있습니다.

수를 사용해서 사물의 본성, 특히 인물의 성격·운명이나 미래의 일을 해명·예견하는 서양 고래의 점술. 영어로는 numerology. 수는 만물의 원리이며, 우주의 일체는 수에 측량되어서 질서화된다는 피타고라스 학파의 철학이나, 카발라적 성서해석법 게마트리아의 전통에 의한 것으로 생각된다. 고대의 알파벳은 음가(音價)만이 아니라 수치를 가지고 있었기 때문에, 문자로 나타내는 말 또는 관념은 동시에 일정한 수치를 가지게 된다. 이 수치를 동일하게 하는 것은 조응관계로 잠재적인 관계를 맺고 있다고 생각되며, 점술에도 응용할 수 있는 것이다. 본래 변환에 이용된 것은 그리스 문자나 헤브라이 문자의 수치인데, 현행의 수비학은 알파벳에 1에서 9까지의 수를 적용해서 이용하는 것이 보통이다. ABC 순으로 1에서 9를 해당시켜서 J와 S에서

1로 돌아간다. 그러면 A, J, S는 1, B, K, T는 2의 수치를 가진다. 이하 동일. 가령 Adam은 1+4+1+4=10, Eva는 5+4+1=10이 된다. 10 이상의 수는 각 자리의 숫자를 다시 더해서 한 자리로 환원시킨다. 이런 Adam과 Eva는 모두 1(1+0=1)의 수를 가지며, 1이 지니는 원초, 창조, 통합의 관념을 가지고 있다고 해석된다.

—수비학 종교학대사전, 한국사전연구사

벌써 거부감이 생기는 분이 있을 겁니다. 말도 안 되는 소리 한다고 합니다. 예전에 제가 재미로 타로를 봐주겠다고 동료에게 이야기하니 그 분이 '저는 종교가 있기 때문에 안 됩니다'라고 이야기하더군요. 전혀 특정 종교와 상관 없는 것을 알면서도, 막연한 거부감은 왜 생길까요?

저는 거부감을 자신이 모르는 '것'에 대한 반감으로 해석하고 있습니다. 그 분야가 특히 사상, 철학, 종교적 색채가 있으면 강해집니다. 그냥 모르는 겁니다. 다른 '것'을 모르는 것. 다른 '것'을 이해하지 못하는 '것'은 그냥 '모르는 것'입니다. 그래서 오해와 수많은 편견이 존재합니다.

갈수록 극단적인 사상과 이념들로 넘쳐납니다. 거부감이 들면 이 책을 읽지 않으면 됩니다. 혹시 타로학이나 사주명리학을 공부해본 적 있나요(이 책 내용이 타로나 사주는 아닙니다. 다만 원리가 일부분 포함되었습니다)? 아니면 특정 종교에 관해 공부를 해 본 적 있나요? 모르면 다른 '것'에 대해 이렇다저렇다 할 입장이 아닙니다. 혹시 알더라도 다른 '것'이 있다는 생각을 존중해야 합니다.

저는 직장생활도 해봤고, 결혼도 했고, 자식도 있고, 집도 있고,

차도 있습니다. 저는 종교적 도사, 사상 철학적 교수나 박사가 아닙니다. 그렇게 수십 년 도 닦고, 수십 년 공부만 해서 나오는 이상한 이야기가 아닙니다. 그냥 회사 다니면서 다양한 분야에 관심이 있었고, 그 분야를 직접 배우고 접하면서 키워온 저의 생각입니다. 제 생각을 굳이 분류해보자면 잠재적 무신론자(유신론+무신론)이며 '흙수저' '노오력'이라는 사회적 문제에 타고난 성향에 대한 공감이 포함되지 않음에 한탄하며, '나는 옳지만 나와 다른 것은 틀린 것'이라고 생각하는 극단적 이념 사회를 두려워하고 있습니다.

다시 한번 설명드립니다. 저는 숫자 2입니다. 2를 숫자표에서 찾아보면 소통가, 이미지는 바람입니다. 도식은 점의 연결입니다. 만일 본인이 이런 이미지나 느낌, 혹은 소통에 능한 것 같다면 숫자가 본인과 잘 맞는 것입니다. 매우 큰 장점입니다. 자신을 알 수 있는 확률(%)이 올라가는 것입니다. 좀 이상하다 싶으면 본인이 늘 사용한 생일 기준으로 할 수 있습니다. 하지만 1순위는 양력의 숫자 기준입니다. 또한 이 숫자는 당연하게도 나이에 따라 변합니다.

기존의 '수비학'적 논리로는 이 부분을 체크하지 못합니다. 변화 원리에 대한 이해가 없으니 A는 B다는 식으로 정해버립니다. 예를 들면 당신의 숫자는 '2'이다. 끝인 거죠. 저는 숫자를 인생의 시기별, 연도별로 나눕니다. 그러므로 현재 숫자 이미지가 변했기 때문에 숫자의 연상과 안 맞을 수 있습니다.

숫자는 본인의 성향을 규정합니다. 단 50% 정도의 정보만 제공합니다. 이유는 타고난 성향을 50%로 볼 때 나머지는 환경입니다. 환경이라는 엄청난 운명의 갈림길이 존재합니다. 경제적, 사회적, 공간적 환경 부분이 매우 크게 작용합니다. 사는 공간, 가정환경,

부모의 성향이 중요하지 않겠습니까? 더 나아가 내가 속한 사회, 세계가 중요합니다. 환경에 대해 고민할 때마다 그래서 곤란하기도 하며 심란해지기도 합니다.

성향과 환경

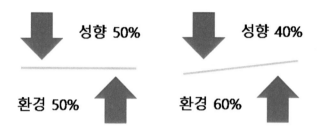

이 책을 읽다 보면 생기는 의문점은 하나입니다. '같은 숫자면 똑같은 사람인가'는 문제입니다.

우선의 대답은 환경 때문에 전혀 달라집니다. 똑같은 환경이 있기는 현실적으로 어렵습니다. 이것은 쌍둥이라도 달라집니다. 심리학에서 이미 형제 순위에 대한 학문적 논의가 있었듯이 쌍둥이라도 형, 동생으로 구분합니다. 똑같이 부르지 않습니다. 쌍둥이 경우 추가적으로 설명하면 한가지 성향도 기본적으로 4~12개까지 일종의 다중성을 가집니다. 전제 조건이 다중적 성향입니다. 숫자 더하기 해서 나온 수가 분자, 분모 각 1개일지라도 이것은 변화성이 있기 때문입니다. 예를 들면 이런 식(원자모형)과 같습니다.

원자모형

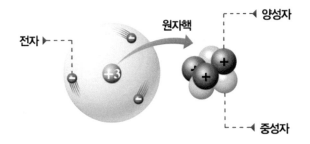

(출처: 비상 학습 백과)

　그래서 다를 수 있습니다. 그리고 개인적 환경은 남이 알기 쉽지 않습니다. 본인이 가장 그 상황을 잘 이해하기 때문에 남이 이렇다 저렇다 부분이 못됩니다.

　그리고 또 하나 대답은 성향분석 종류만 81개입니다. 그렇기에 자기와 같은 성향을 만나기 쉽지 않습니다. 현실적으로 확인하기도 어렵습니다. 흔히 인간관계로 엮인 조직의 규모를 보면 한 학급 인원을 보더라도 예전에도 50~60명이었고 지금도 30여 명 정도입니다. 또 회사 한 부서도 20~30명이며 소규모 팀의 경우 10명 이내인 경우도 많습니다. 기존 MBTI 검사는 16종류이며 혈액형, 사상체질은 4종류입니다. 그래서 이 경우는 같은 유형을 살면서 많이 만납니다.

　환경에 대해 추가하여 이야기하면 저는 공간이라는 측면에서 풍수 사상을 공간 심리학으로 봅니다. 간단히 실험해 보겠습니다. 만일 여러분이 공부하는데 앞에 뾰족한 벽 모퉁이가 여러분을 향하고 있다면? 또는 엄청 넓은 건물 속에 있다면? 반대로 매우 좁은 장소에 있다면? 앞에 창문이 있다면? 창문이 없다면? 기분이 어떨 것 같습니까? 기존의 방식은 모두에게 좋거나 모두에게 나쁘다고 정의합니다. 저는 개인마다 다르다고 이야기합니다. 공간 심리를 개인 성향 분석과 조합을 하면 이런 설명이 가능합니다.

다시 보겠습니다. 2번, 숫자 2는 바람이자 소통이자 도식으로 점의 연결입니다. 이제 많은 상상력이 필요합니다. 숱한 연상작용, 의식의 변화를 필요로 하는 부분입니다. 이 부분이 어떤 분에게는 또 거부감이 생기게 합니다. 이것은 수학적인 공식이 아닙니다. 공식은 없습니다. 학자들이 공식처럼 보이게 했을 뿐입니다. 뭔가 세상에 이론이란 걸 보이려면 공식만한 정의가 없습니다. 무슨 법칙을 만들고 공식을 표기한 뒤 자신의 주장에 마침표를 찍습니다.

하지만 인생, 운명, 성향의 세계가 그렇게 된다면 누가 고민을 하고, 누가 희망과 절망을 가지겠습니까? 답은 없습니다. 다만 근사치를 예상할 수 있는 겁니다. 자신의 마음과 행동에서 유추하여, 본인 인생의 '숫자'에서 추측된, 근사치입니다. 이해되나요? 근사치에 몇 %라도 접근한다면 도움이 될 수 있습니다. 최근 '인생 미답'이라는 책이 있더군요. 저는 '인생은 미답이지만 답의 근사치를 알 수 있다'고 주장하는 겁니다. 무엇을 가지고 주장할까요? 환경과 타고난 성향으로 주장해야 합니다.

환경은 경제적, 사회적, 공간적 부분입니다(본인이 성장하기 이전에는 바꾸기 어렵지만 부모님, 보호자는 가능합니다). 그나마 쉽게 가능한 부분이라면 공간적인 부분입니다. 타고난 성향은 행동과 마음 분석, 즉 TMA 성향 분석을 통하면 가능합니다. 그 배경의 일정 부분을 '숫자'를 사용하는 것입니다. 저를 2라고 표기합니다. 그럼 저는 넓은 공간을 좋아할까요? 좁은 공간을 좋아할까요? 그럼 저의 공부는 대화식 수업을 좋아할까요, 주입식 수업을 좋아할까요? 이런 연상법의 무한한 확장입니다.

저는 그래서 이것저것(점이 연결되듯) 다양한 분야에 관심이 많습니다. 하지만 한 가지를 오랫동안은 못 합니다. 마음이 잘 흔들립니다. 집중력도 떨어집니다. 바람이니까요. 나쁜 것인가요? 좋은 것인가요? 상황에 따라 다를 겁니다. 저의 경우 이런 통찰이 죽어가는 '나'를 살린 부분입니다. '왜 나는 하나만 꾸준히 못 할까?' 제가 얼마나 고민하고 괴로워했겠습니까?

'하나도 제대로 못하는 X' '뭘 하나도 꾸준히 못하는 X' 이런 말들은 자책감을 해결할 어떤 솔루션도 없습니다. 20대를 방황했습니다. '무엇이라도, 하나라도 해보자.'라는 마음이 필요합니다. 아무리 결심해도 잘 안 됩니다. 왜 그렇게 할까요? 모릅니다. 이렇듯 자신의 근본적 문제에 대한 이유를 알려고 해본 적 있습니까?

'그냥 그래!'라는 결론보다는 '나는 바람의 성향을 가지고 있기 때문에 다양한 분야에 관심이 많을 뿐, 하나도 제대로 못하는 것이 나쁜 점은 아니다!'입니다. 이런 성향에 맞게 자신을 발전시키는 것이 최고의 자기계발입니다. 즉 저는 다양한 분야에 관심을 가지고 살아야 합니다. 그런 삶에 맞게 인생의 재정비가 필요합니다. 만일 이런 통찰이 없었다면 저는 아직도 스스로를 자책하며 살았을 것입니다. 하지만 이런 분석이 저를 살린 겁니다. 이런 방식의 이해가 필요합니다. 이런 방식의 생각 연상법입니다.

그렇게 저는 'It Think'라는 브랜드의 첫 번째 시작을 '운 설계자'로 테마를 정했습니다. 본인의 숫자로 스스로 분석을 해보고 이해가 되면 그것 역시 행운입니다. 제가 생각하기에 만일 1, 3, 4, 7의 숫자가 나온 분들은 제 글을 안 읽을 확률이 상대적으로 높습니다. 1, 3, 4, 7인데 제 글에 '흥미'가 확 일어난다면 변한 것입니다. 자신의 숫자는 '인생 미답'의 %를 상승시켜 줍니다. 아래는 저의 분석 알고리즘을 가장 쉽게 설명한 원리입니다.

패턴과 차이

숫자에 의미를 부여한 후 그것의 변화 패턴, 큰 그림, 과거와 미래, 차이를 보는 방법입니다. 이것은 5살 아이의 책에도 나오는 '?' 부분에 무엇이 들어가는지 아는 패턴 문제와 유사합니다. 그리고 우리가 아는 봄-여름-가을-겨울 사계절의 변화이기도 합니다.

이 문제는 때로는 쉽게 풀리기도 하지만, 어떤 경우는 어렵기도 합니다. 이 어려움은 특이점, 돌발상황, 튀는 수치로 표현되기도 하며 그 오차 범위를 최대한 줄이기 위해 과거, 차이, 큰 그림을 계속 파고드는 것입니다. 제가 과거지사, 어떤 해, 특정 달에 대한 질문, 이미지, 연상에 대한 구체적 사실을 요구하는 것도 그 이유입니다.

자 이제 본인이 생각을 해보고 자신의 '숫자'를 발견해 봅니다. 그리고 이미지를 보고 상황해결에 대한 고민을 해 봅니다.

'숫자가 ?인 나라는 사람은 어떤 식의 답을 할 것인가?' '이 고민을 어떻게 풀어 갈 것인가?'

4.
습관을 바꾸는 변화와 순환에 대한
운 설계 원리

    자신만의 숫자를 발견한 분께 유용한 팁입니다. 습관을 바꾸는 변화와 운 설계의 원리에 대한 내용입니다. 우리는 모두 습관을 가지고 있습니다. 그리고 그대로 살아갑니다. 좋은 습관을 기르기도 어렵지만 자신의 성향에 맞지 않는 습관을 목표로 했을 때 더 큰 어려움이 따르기 마련입니다. 우선 변화의 원리를 설명드리겠습니다. 그리고 이 원리에 본인이 바꾸고 싶은 습관을 하나씩 대입해 보길 바랍니다.

변화와 운 설계의 원리

3) 현재
성향 $= \dfrac{\text{현재 행동}}{\text{현재 생각}} \rightarrow$ 시간$\times$자극 $\dfrac{\text{현재 생각}}{\text{반대 행동}}$

변화된
성향 $= \dfrac{+\alpha\ \text{현재 행동}}{+\alpha\ \text{현재 생각}}$

$\dfrac{\text{반대 생각}}{+\alpha\ \text{현재 행동}}$ 시간$\times$자극 $\leftarrow$ $\dfrac{\text{반대 행동}}{\text{반대 생각}}$

3-1) $\dfrac{As\ Is}{T,\ Ts} = \dfrac{as\ is\ A}{as\ is\ M}$ $\xrightarrow{\text{Time} \times \atop \text{motivation}}$ $\dfrac{as\ is\ M}{Not\ as\ is\ A}$

$\dfrac{To\ Be}{T,\ Ts} = \dfrac{to\ be\ A}{to\ be\ M}$ $\xrightarrow{\text{Time} \times \atop \text{motivation}}$

$\dfrac{Not\ as\ is\ M}{to\ be\ A}$ $\xleftarrow[\text{motivation}]{\text{Time} \times}$ $\dfrac{Not\ as\ is\ A}{Not\ as\ is\ M}$

기존 자기계발서에도 많이 언급되었던 내용도 있습니다. 다만 저는 성향 분석기법을 사용해서 세밀히 적용하는 차이가 있습니다. 이 부분을 유심히 봐야 합니다. 그림 3)은 한글이고 3-1)은 영어 약자로 글자를 줄였습니다. 간단히 쓰기에 3-1)이 편합니다. AS-IS à TO-BE가 되기 위한 변화 STEP(단계)입니다. 현재에서 변화되기까지 과정을 '시간*자극'이라는 요소를 포함시켜 설명했습니다. 분모와 분자가 바뀌며 변화를 하기 위한 STEP을 표현한 도식입니다. 다시 하나씩 풀어 보겠습니다. A는 행동, M은 마음입니다.

STEP-변화와 운 설계의 원리

$$4\text{-}1) \quad \frac{as\ A}{as\ M} \quad \rightarrow \frac{Time \times}{motivation} \quad \frac{as\ M}{Nas\ A}$$

$$4\text{-}2) \quad \frac{as\ M}{Nas\ A} \quad \rightarrow \frac{Time \times}{motivation} \quad \frac{Nas\ A}{Nas\ M}$$

$$4\text{-}3) \quad \frac{Nas\ A}{Nas\ M} \quad \rightarrow \frac{Time \times}{motivation} \quad \frac{Nas\ M}{tb\ A}$$

$$4\text{-}4) \quad \frac{Nas\ M}{tb\ A} \quad \rightarrow \frac{Time \times}{motivation} \quad \frac{tb\ A}{tb\ M}$$

나의 현재가 4-1)입니다. 나는 현재 이런 생각을 가지고 이런 행동을 합니다. 시간과 자극이 가해지면 나는 반대 행동을 하겠다는 생각을 가지고 기존의 마음을 가진 행동을 합니다. Nas란 Not as 입니다. 이 도식에서 N은 'NOT, 반대'로 보면 됩니다. 이게 1단계입니다. 기존의 자기계발 원리와 비교해서 보겠습니다.

① 기존 자기 계발서에는 '노력과 의지', 즉 '시간과 자극' 만 강조하는 부류가 있습니다. 가장 흔한 부류이자 가장 감정에 호소를 하는 부류입니다.

② Nas M, 즉 마음을 바꿔야 한다는 부류가 있습니다. 이유는 행동/마음의 배치처럼 마음을 바꾸면 행동이 바뀐다는 것입니다. 당연한 이야기처럼 들립니다. 대부분 여기까지 가 한계입니다.

③ 간혹 행동을 바꿔야 한다는 부류가 있습니다. 강한 행동파입니다. '일단 해라' '저질러라' '그러면 나머지는 따라오리니' 같은 생각들입니다. 행동/마음 → 마음/행동으로 역순으로 봅니다. 우선 행동을 합니다. 그렇게 되면 마음이 바뀝니다.

④ 이제는 저의 방식입니다. 여기서 개인 성향이 많은 작용을 합니다. 이유는 가장 자연스럽게 변해야 하기 때문입니다. 그래야만 우리는 변화될 수 있습니다. 저는 반대 행동을 하겠다는 생각을 가지는 것을 1순위로 봅니다. 2)와 차이는 마음을 바꾸겠다고 한방에 건너뛰지 않는 겁니다. 그냥 반대 행동을 하겠다는 생각을 가지는 것입니다. 그 반대 행동의 기준은 '자신만의' 기준입니다. 잘 보세요. 타인의 기준이 아닙니다.

타인의 기준은 억지, 의무, 특권, 유혹, 뭔가 보여주기, 강요, 자신에게 불편한 요소가 포함된 것입니다. 즉 내가 반대 행동을 하겠다는 것에 이런 요소가 있다면 '솔직하지' 못하거나, 자신을 '잘 모르는 것'입니다. 그래서 이 부분이 애매하기도 하고 어렵기도 한 부분입니다. 한때 유행한 '시크릿' 이론과 '끌어당김 법칙'이란 것이 있습니다. 요지는 자신의 원하는 것을 '믿어라'입니다.

이 책들의 요지를 다시 풀면

① 내가 원하는 것을 확실히 정의하고,

② 내가 원하는 것에 매우 집중하여,

③ 철저히 '믿어라'입니다. 그것을 위해 온갖 상상력을 동원해도 되고 '생생히' '실제처럼 느껴라'고 합니다.

④ 그러면 실현됩니다.

저는 이와 관련된 유행들이 벌써 10년쯤 흘렀다고 봅니다. 수많던 사례의 결과물을 이제 볼 때도 되지 않았습니까? 그토록 원했던 것들이 10년쯤 지났으니 성공사례로 온 세계에 알려져야 하지 않나요? 이상합니다. 그때의 성공사례는 다 어디 갔는지? 저는 예전 책을 살펴보며 독자 사례집을 찾아봤습니다. 문제를 이제야 느꼈습니다.

① 원하는 것이 너무 많고 사연이 복잡하고 깁니다.

② 모두 다 환상에 젖어 있습니다. 꿈이 너무 크고 오글거릴 정도로 황당합니다. 세계 제일의 부자가 된다. 호화로운 삶, 최고, 최선의 자리에서 살 것이다. 1등, 부자. 성공, 돈, 명예, 전부 이런 방식입니다.

물론 저도 예전에 이런 책의 영향으로 황당한 꿈을 꿨습니다. 제가 옛날에 쓴 글에도 이런 내용들이 수두룩하며 지금 읽으면 부끄럽기까지 합니다. 저는 이제 알았습니다. 이 모든 것이 타인의 기준이었다는 것을. 온전한 '나'의 기준이 아니었다는 것을.

저는 '돈'과 '사회적 기준의 성공'과 거리가 먼 성향임을 알았습니다. 한때 저는 '부동산 투자'의 거물이 되고 싶었던 적이 있었습니다. '돈'을 왕창 벌려면 이 방법이 최선이라 생각했습니다. 그런 것을 심각하고 진지하게 원했습니다. 하지만 이것은 타인의 기준입니다. 타인이 보는 성공의 기준을 저에게 대입한 것일 뿐입니다. 몇 달 후 구토가 나올 뻔했습니다. 이 '구토'의 의미처럼 이런 요소를 스스로에게 대입해 보면 여러분 개개인의 '구토'가 있을 겁니다.

다시 본론입니다. 1순위는 반대 행동을 하겠다는 생각을 하고 기존의 마음을 가진 행동을 합니다. 쉬운 예로 어떤 책에 나왔듯이 쿠키 끊기로 해보겠습니다. 저의 기준에서 행동은 쿠키 먹기입니다. 저의 기준에서 마음은 뭘까요? 이 부분을 자신에 맞게 잘 정해야 합니다. 왜 나는 쿠키를 먹나? 불안해서? 배고파서? 중독되어 버려서? 저는 불안해서 먹습니다. 행동은 쿠키 먹기, 마음은 불안해서. 이렇게 정의와 배치를 하고 시작합니다.

1단계 : 쿠키 먹지 않기로 마음먹지만 아직까지는 불안한 마음을 가진 행동을 합니다.

이 문장이 이해됩니까? 이게 자연스러운 변화의 흐름입니다. 자연스러운 변화는 사계절이 바뀌는 것과 유사합니다. 북극이든 적도든 그 지역만의 사계절이 있습니다. 이것이 자연현상입니다. 이처럼 사람의 성향, 성격의 변화도 같습니다. 내가 쿠키를 먹지 않겠다고 마음은 먹지만 아직까지는 불안해서 먹었던 그 마음이 행동으로 나타나는 겁니다. 이 때문에 작심삼일이 되는 이유입니다. 아직 불안 합니다. 아무리 결심 '시간과 자극'을 하고 며칠을 참아보지만 불안합니다. 그 불안의 행동을 합니다. 사람에 따라 여러 가지 행동으로 표현될 겁니다. 저는 집중을 못할 듯합니다. 또는 다리를 떨거나 아니면 다른 것을 먹을 수 있을 겁니다. 그 다음 단계를 넘어가기 위해서는 이 불안을 해소해야 합니다.

4-2)를 보면 NAS A, NAS M입니다. 다 'NOT'이 붙었습니다. 행동과 마음을 반대로 한다는 이야기입니다.

2단계 : 불안한 마음을 가진 행동을 불안하지 않기로 마음을 먹습니다. 그리고 1단계 쿠키를 먹지 않던 행동을 합니다.

뭔가 다 된 듯합니다. 원인을 불안으로 봤고 행동을 쿠키 먹는 것으로 봤습니다. 2단계 이미 불안하지 않기로 마음먹었고 쿠키도 먹지 않습니다. 둘 다 NOT입니다. 그럼 된 것 아닌가요? 보통 이 정도면 괜찮다고 말합니다. 하지만 단순히 하지 않겠다. NOT만 가지고는 이 습관을 지속하기 어렵습니다. 왜냐하면 불안의 원인을 NOT 부정만으로는 해결되는 것이 아닙니다. 즉 '불안하지 않다'가 아니라 다른 마음이 생겨나야 합니다. 예를 들면 기쁘거나, 편안하거나 등 이런 마음이 필요합니다.

그래서 아직 2단계입니다. 여기서 유명한 '산은 산이요 물은 물이다'라는 문구를 떠올려 봅니다. 원전을 잘 보면 제가 풀이하는 단계와 유사합니다.

1단계 : 산이 산이 아니고 물이 물이 아니다.

2단계 : 산이 물이고 물이 산이다.

3단계 : 산은 산이요 물은 물이다.

저는 공부를 하면서 이런 경험을 많이 느껴 왔습니다. 결국 우리는 3단계까지 가면 '산은 산이요 물은 물이다'라고 느낍니다. 문제는 이때 3단계는 처음의 '산은 산이요 물은 물이다'라는 시작과 같다고 오해하면 안 됩니다. 이때 산은 처음의 산과는 다른 To-Be 된 산입니다.

역시 스님의 득도 경지에 오른 후 느끼는 산은 처음에 봤던 산과는 다른 산입니다. 그 과정에서 1단계 내가 본 산이, 산이 아니라는 부정, 즉 NOT입니다. '아~ 산이 아니구나'고 느낍니다. 다시 도를 닦으면 2단계 '아~ 산이 물이구나'고 느낍니다. 즉 분자와 분모가 교체되는 것과 같습니다. 더욱 도를 닦으면 3단계 '아~ 역시 산은 산이구나'고 느낍니다.

하지만 이 산은 벌써 3단계 걸친 산입니다. 처음으로 순환되지만 내가 느끼는 그 산은 +α산인 겁니다. 도식 3) 역시 이 부분을 표현하고 있습니다. 물론 이런 변화는 주역의 원리의 도움을 받아 적용한 것입니다. (유교 3경의 하나인 역경) '주역' 자체가 변화의 책입니다. (역이란 말은 변역, 즉 '바뀐다' '변한다'는 뜻) 스님의 게송 역시 이미 이런 사상과 유사함을 알 수 있습니다. 다시 쿠키로 돌아옵니다.

2단계 : 불안하지 않기로 마음먹었고 쿠키도 먹지 않습니다. 하지만
3단계 : 이제 To Be가 등장합니다. 이제야 변화된 모습이 나타나는 것입니다.

Not 쿠키 대신 To Be 물을 마시기로 합니다. 나는 물을 마시기로 마음먹었다. 하지만 불안하지 않기로 한 행동을 합니다.

마지막입니다.

4단계 : 이제 To Be가 되는 겁니다. 이제야 자연스럽게 변했다고 말할 수 있습니다. 이제야 '나는 습관을 바꿨다. 나는 변했다'로 말할 수 있는 겁니다. 결국 나는 편안해지기로 마음먹고 나는 물을 마시는 행동을 합니다. 물론 이 단계별로 지속적인 시간과 자극의 필요합니다.

정리하면 '나는 쿠키를 먹는다. 불안한 마음에서'는 '물을 마신다. 편안한 마음으로' 이런 식이 됩니다. 이 변화를 하기 위한 STEP(단계)은 다음과 같습니다.

1단계 : 쿠키 먹지 않기로 마음먹지만 아직까지는 불안한 마음을 가진 행동을 합니다.

2단계 : 불안하지 않기로 마음먹었고 쿠키도 먹지 않습니다.

3단계 : 나는 물을 마시기로 마음먹지만 불안하지 않기로 한 행동을 합니다.

4단계 : 결국 나는 편안해지기로 마음먹고 나는 물을 마시는 행동을 합니다.

다른 예를 보겠습니다.

예) 돈을 많이 벌고 싶을 때, 결과(행동) 돈을 번다. 원인(마음) 돈을 벌고 싶다.

기존 행동주의 원리와 끌어당김 법칙이라면

1단계 돈을 많이 벌고 싶다는 마음을 가져라. (끌어당김 법칙) 또는

2단계 끝 : 돈을 벌 만한 행동을(원인으로 보고) 마음먹고 실행하라. (업그레이드 끌어당김 법칙)

이해되나요? 돈 벌겠다고 마음먹고, 소원으로 빌던지, 돈을 벌수 있는 행동을 하라는 것입니다. 당신이 돈을 못 버는 이유는 돈벌 행동을 안 해서입니다. 그렇죠. 하지만 개인별 성향에 맞지 않는경우가 많습니다.

예) 돈을 많이 벌고 싶을 때

As-is : A 결과(행동) 1)? → To-Be : A 돈을 번다.

As-is : M 원인(마음) 2)? → To-Be : M 돈을 벌고 싶다.

1)? 와 2)? 개인의 성향에 맞게 분석해 내는 것이 운 설계자 입니다. 돈을 버는 것과 돈을 벌고 싶은 마음은 사람마다 다릅니다.

어떤 성향 유형의 예) 어떤 상황에서는 돈을 헤프게 씁니다. 너무외롭기 때문입니다.

AS-IS 1)? A 결과(행동) : 돈을 헤프게 쓴다. → To-Be : A 돈을 번다.

AS-IS 2)? M 원인(마음) : 외롭다. → To-Be : M 돈을 벌고 싶다.

1단계 : (A) 헤프게 쓴다. (NA) 하지 않기로 마음먹고 아직까지(M) 외롭다. (M) 행동을 함

2단계 : (M) 외롭다. (NM) 않기로 마음먹고 아직까지는 (A) 헤프게 쓴다. (NA) 않는 행동을 함

3단계 : (Tb. A) 돈을 번다고 마음먹고 아직까지 (M) 외롭다. (NM) 않기로 한 행동을 함

4단계 : 결국 (Tb. M) 돈을 벌고 싶다고 마음먹고 결국 (Tb. A) 돈을 번다는 행동을 함

뭐를 해결해야 할까요? 외로움이 해결돼야 합니다. 그럼 왜 외로

울까요? 개인적 이유 외에도 그런 성향이 강한 부류일 가능성이 있습니다. 다시 숫자로 넘어 가봅니다. 저는 숫자는 '2'라고 말씀드렸습니다. '2'는 소통, 바람, 점과 점의 연결입니다. 외로울까요? 그럴 수도 아닐 수도 있습니다. 만일 소통이 잘 되면 안 외롭겠지만 소통이 잘 안 된다면? 내가 다른 점을 찍어야 하는데 찍을 점이 없다면? 이런 식의 연장이 필요합니다. 그럼 외로울 수도 있습니다. 그럼 이 외로움을 어떻게 극복하나요? 이 부분에서 분석과 상담이 더 해질 수 있습니다. 물론 숫자 성향은 일부분이라고 했습니다. 개인 전체적 상황과 이유를 알아야 합니다.

그럼 더 근본적이고 깊이 있는 의문을 던져봅니다. 숫자 '2'는 돈을 벌고 싶은 마음을 먹기가 수월할까요? 돈을 벌고 싶은 마음을 먹어야만 돈을 법니다. 당연한 소리처럼 들리지만 누구에게는 쉬운 감정이 누구에게는 어렵다는 사실을 지금껏 수많은 책에서 간과한 부분입니다.

돈을 벌고 싶은 마음을 먹는 것 자체가 힘든 분이 있습니다. 이 말에 충격받은 분은 아마도 숫자 '4' 또는 '1'일 경우가 높습니다. 만일 어떤 분은 '4'로 나왔습니다. '4'는 지배자이자, 세모나 네모, 산의 이미지입니다. 세모나 네모는 뭔가를 막거나 안정된 구조이자 단단한 느낌이 드는 도형이죠. 산 역시 듬직하거나 막거나 움직이지 않는 느낌입니다. 지배자. 지배하는 사람, 높은 위치에 있거나, 고위직, 돈이 많은 부류 혹은 많은 지식을 가졌거나 등이 연상됩니다.

이런 성향은 '돈'이라는 물질에 대한 반응을 위 설명과 연관 지을 수 있습니다. '돈'을 잘 막습니다. 안정되게 돈을 잡습니다. 왜냐하면 자기 스스로가 단단하고 흔들리지 않기 때문입니다. '돈'을 지배하려고 합니다. '돈'이 새나가지 않습니다. '돈'에 대한 생각과 의지도 굳건합니다. 이해되나요? 타고난 성향상 이런 분은 '돈'에 강합니다. 당연히 '돈'을 벌고 싶은 마음을 쉽게 가질 수 있습니다.

만일 숫자 '8'이 나온 분이 있을 겁니다. 봉사자, 도식이 평면에 하나씩 원이 그냥 있습니다. 이미지는 땅입니다. 그냥 하나씩 펼칩니다. 그게 '돈'이든 뭐든, 자신의 땅에 던져둡니다. 누가 가져갈 수도 있습니다. 오히려 기뻐합니다. 도움이 되니까. 이런 성향은 '돈' 역시 왔다, 갔다 하며 잡을 수 없습니다. 자신의 의지보다는 남의 도움이 우선시됩니다. 다행히 그 '돈'이 내 땅에 얌전히 자리 잡아 자라나면 다행일 뿐입니다. 그 대신 이런 분은 엄청난 포용력이 있습니다. 무한히 자기 땅에 모든 것 받아들입니다. 남이 나에게 의지합니다. 이런 분 곁에 가면 편합니다. 그 땅에 내가 농사를 지을 수도 있고 나를 키워줍니다. 내게 바라는 것도 적습니다. 부담도 없습니다. 착한 사람입니다. 꼭 필요한 분입니다. '돈'을 벌고 싶다는 마음 자체가 없습니다. 그래서 역설적으로 마음먹기가 어렵습니다.

그럼, 이런 성향은 '돈'을 벌 수 없나요? '돈'을 벌고 싶다는 마음보다는 '다른 것'을 벌고 싶어야 합니다. 그러면 '다른 것' 중에 무엇인가 '돈'을 줄 수도 있습니다. 이 부분을 이해하기가 어렵습니다. 같은 '8'의 성향이 없는 분에게는 난해합니다. '8'도 제 성향 중 하나입니다.

개인의 숫자는 기본 2개이고 때로는 4개 많으면 8개까지 가지고 있습니다. 또한 조합하면 81개까지 나옵니다. 그래서 복잡합니다. 하지만 간단히 보면 숫자 하나로 시작하여 4개 정도만 연상해도 됩니다. 복잡한 것보다는 간단한 것이 때로는 더 정확할 수 있습니다. 책 앞부분에 숫자 발견 방법에 대해 설명했습니다.

하지만 사실 자신의 숫자도 변한다고 말씀드렸습니다. 세월 따라 나이가 듦에 따라 사계절이 변하듯 변합니다. 숫자 '2'는 여러 가지 모습으로 바뀝니다. 한 개의 숫자를 더 말씀드립니다. 힌트는 이미 변화의 원리에서 나왔습니다. 'NOT'입니다. 즉 '2'의 부정, '2'의 NOT. 다시 9개 숫자 도식과 이미지를 보면서 읽습니다.

2의 NOT은 7입니다. 바람과 벼락, 소통가와 선구자, 연결과 침투를 의미합니다.

4의 NOT은 3입니다. 산과 연못, 지배자와 법률가, 막힘과 담음입니다.

5의 NOT은 6입니다. 빛과 물, 지식인과 창조자, 완벽함과 자유로움입니다.

8의 NOT은 9입니다. 땅과 하늘, 봉사자와 열정가, 뿌려둠과 퍼져나감입니다.

1의 NOT은 3, 7입니다. 1은 2와 4의 결합입니다.

1~9번까지 숫자의 변화입니다. 본인의 숫자는 나이가 들면서 'NOT'으로 바뀝니다. 그건 자연스럽게 변해갑니다. 어릴 적 아무리 친절한 봉사자인 '8'도 나이가 들면 열정적인 모습이 되어 멀리 날아가고 싶어 할 수도 있습니다. 어릴 적 '돈'에 집착했던 '4' 일지라도 나이가 들면 이제는 '돈'을 담아 여러 명에게 연못처럼 베풀 수도 있습니다. 막혔던 '돈'이 일정 부분이라도 공유할 수 있다는 뜻입니다. 그렇게 변하는 겁니다.

자신의 숫자에 이제는 'NOT'을 기억하여 다시 도식을 보면서 현

재의 문제나 고민을 재정립해보길 바랍니다. 그래서 AS-IS, TO-BE
가 되기 위한 자연스러운 자신의 모습을 찾길 바랍니다. 이것이 'It
Think' 생각의 프레임이자 운 설계자가 되는 방법입니다.

5.
TMA PHASE SHIFT 원리

지금까지 자신의 숫자를 발견하였습니다. 이미 말씀드렸지만, 숫자는 인생을 알 수 있는 가능성(%)를 향상시켜주는 역할을 합니다. 아래 도표를 보길 바랍니다.

PHASE SHIFT

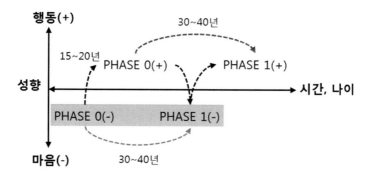

자신의 숫자를 발견했다면 이 원리를 이해하면 도움됩니다. 기본적으로 자신이 가진 마음 숫자를 PHASE 0(-)으로 보면 됩니다. 자신의 마음 숫자가 '2'라면 위 그래프에 PHASE 0(-) 부분에 대입하면 됩니다. 하나씩 의미를 설명하겠습니다.

이전 글에서 저는 성향, 마음, 행동에 대해 설명했고 행동/마음 배치에 대한 이야기도 했습니다. 즉 위 그래프의 행동은 (+)가 되고 마음은 (-)가 됩니다. 그 합이 성향, 성격을 이루는 Y 축이 됩니다. X 축은 시간과 나이이자 세월의 흐름입니다. 그 구성물이 바로 PHASE입니다. PHASE는 변화, 발달 과정상의 한 단계 이거나 주기적으로 형태가 변하는 달의 상이라는 뜻입니다. 흔히 액체, 고체, 기체라고 할 때도 이 말을 씁니다.

그래서 초년기, 청년기, 중년기, 장년기라고 이해하면 됩니다. 그리고 15~20년은 각 PHASE가 (-), (+)로 변하는 시기입니다. 즉 PHASE 0(-)이라 함은 마음의 기본 성향으로 풀이됩니다. 이 성향이 15~20년이 흐르면 행동의 성향으로 나타납니다. 하지만 다시 그만큼의 시간이 흐르면 이제 극적으로 변합니다. 즉 PHASE 1(-) 가 됩니다. 이전 글에서 'NOT'으로 설명한 부분입니다.

숫자표에는 PHASE 1로 표시되었습니다. 이 그래프는 인생을 단순하게 표현한 것입니다. 또한 시간이 지나면서 나의 숫자가, 나의 성향이 마음과 행동에 작용하는 원리로 이해하면 됩니다. 중요한 것을 '변한다'는 것입니다. 앞에서 '변한다는 것'은 '더해지는 것'이라고 운 설계 기본 원리 부분에서 말했습니다. 우리는 평소에도 이런 말을 많이 사용합니다.

'나이가 들더니 철이 들었어. 나이가 들더니 많이 변했네. 이제 사람 구실을 하는군.'

눈치 빠르신 분은 알겠지만 저 그래프의 PHASE 0(-)와 같은 시기에 PHASE 0'(+)가 존재합니다. 0'(+)는 당연히 행동의 PHASE

SHIFT가 됩니다. 중요한 것은 자기 숫자를 저 그래프에 대입해 생각하여 숫자는 시간이 지나면 PHASE가 변하는 것으로 이해하면 됩니다.

3.

마음과
행동에 관한
9개 성향
유형 분석

1.
숫자 '1'인 경우

∽

내 행동이 '1'과 같다거나 마음이 '1' 같다면 이를 분리하여 아래 내용을 읽기 바랍니다.

기본 성향

숫자	PHASE	별명	도식	이미지	상징성	해석
1	0	(능력자) 지배자 소통가	▲ ●—●	산 바람	벽 시계추	고정성 동적 연결성
3 7	1	(능력자) 법률가 선구자	▢ ▲	연못 벼락	그릇 송곳	보관성 직진성

가장 복잡하고 다이나믹(Dynamic)한 성향입니다. 도표를 보면 알

겠지만 다른 분과 다르게 2개의 성향이 결합되어 있습니다. 이 말은 '야누스'적이라고 이해하시면 됩니다. 이 사실이 나쁘다는 의미는 아닙니다. 그래서 저는 별명을 '능력자'로 정했습니다. 사실 세상살이에 이보다 좋은 성향은 없습니다. 때로는 강인한 지배자가 되며 때로는 부드러운 소통가가 됩니다. 그래서 이 성향을 가진 분 중에 소위 사회적 성공을 한 분이 많습니다. 저는 국내 대기업 임원 670명을 제 방식대로 TMA 분석을 해보았습니다. 그 중 숫자 '1'을 가진 분의 비율은 평균 이하(평균 139, (숫자 '1' = 135))입니다. 이 의미는 여러 가지로 해석될 수 있지만 긍정적인 분석은 직장인보다는 창업자유형으로 보입니다.

도식을 살펴보면 삼각형과 점과 점의 연결로 표시하였습니다. 이 도식은 그림의 느낌 그대로 받아들이면 됩니다. 그래서 이미지가 산과 바람입니다. 이 의미를 '~와 같다'로 생각합니다. 즉 나는 산과 같다. 나는 바람과 같다. 물질적으로 보자면 벽과 시계추로 생각하면 됩니다. 그래서 고정성과 동적 연결성을 동시에 가진 성향으로 이해하면 됩니다. 사실 숫자 '1'은 숫자 '4'와 숫자 '2'의 조합입니다. 지금 설명 드리는 부분은 뒤에 숫자 '4'와 '2'의 설명과 중복되는 부분이 많습니다.

하지만 단순한 조합이 아니기에 오묘한 성향으로 나타납니다. 즉 '이랬다, 저랬다'가 가능합니다. 사람은 누구나 다양한 성격을 가지고 있습니다. 때로는 나이가 들면서 변하기도 합니다. 저는 개인이 가진 성향을 적게는 4가지 많게는 12가지까지 있다고 봅니다. 하지만 그 중 좀더 강한 성향이 있기에 적어도 2가지에서 4가지로 줄일 수 있습니다. 흔히 심리학에서 이야기하는 외면과 내면, 의식과 무의식 역시 이런 2가지의 분류에 들어갈 수 있습니다. 다중인격에 대해서도 저는 누구나 다중인격이라는 주장에 동의합니다. 다만 강한 인격의 영향으로 우리가 인지하지 못할 뿐이라고 생각합니다.

저의 TMA 분석은 기본적으로 숫자 1개에서 시작합니다. 이 숫자가 2개가 되고 4개가 되고 12개까지 됩니다. 저는 이런 식으로 확장하여 개인 성향 유형을 81개까지 분류하였습니다. 즉 한 명당 N개의 성향을 가지고 그것이 시간이 지나면서 변합니다. 그런데 이 숫자 '1'은 더 복잡합니다. 위에 언급 드린 내용에 2배수가 되는 숫자가 바로 '1'입니다. 그래서 사실 가장 분석하기 어렵기도 합니다. 또한 스스로가 생각하기에 자신의 성격을 알기가 어렵습니다. 스스로 속일 수 있는 분입니다. 당연히 상담하더라도 앞뒤가 맞게 거짓말도 가능한 분입니다. 그래서 무서운 분이 많습니다. 그리고 성공하는 분도 많습니다.

우리가 사는 세계의 토대는 자본주의 사회이자 경쟁주의 사회입니다. 이것이 전제로 깔려 있는 세상입니다. 물론 아닌 국가도 있지만 대부분 이런 환경입니다. 이 토대 속에서는 '돈'과 '경쟁심'에 강한 성향이 유리합니다. 저는 그런 성향을 종합적으로 가진 분이 '1'이라고 분류했습니다. 물론 제가 장점만 말씀드렸습니다. 단점은 후에 언급할 '2'와 '4'의 내용을 겸해서 읽으면 됩니다.

직설적으로 말씀드리면 '또라이'입니다. '또라이 중 또라이'가 될 수 있습니다. 기분 나쁘셨다면 '괴팍하다' 정도로 이해하면 됩니다. 그만큼 어떤 분야에서 자신의 능력을 발휘할 수 있는 분이자 자신의 이익도 챙겨갈 분입니다. 또한 승부가 걸린 부분에서 양보도 없기에 모든 혜택을 누릴 수 있는 분입니다.

이 책을 활용하는 하나의 예로 주변인도 한번 분석해 보면 대인 관계에 도움이 되리라 생각합니다. 가족의 누군가 혹은 친구, 지인의 숫자를 찾아보고 제 글을 읽고 한번 연상해봅니다. 그럴 때 숫자 '1'인 사람과는 승부를 내려고 하지 말고 또한 이 분이 접근해올 때는 항시 주의하고 이것도 저것도 아니면 그냥 이런 분들을 따라가면 못해도 손해는 안 봅니다.

하지만 '1'을 파악하려면 그의 이야기를 들어봐야 합니다. 때로는 '2'이기도 하며 '4'이기도 하며 혹은 특정 숫자로 변형되기도 합니다. 그래서 쉽게 판단하지 말고 '2' 또는 '4'의 선택지를 두고 한번 고민해보면 됩니다. 지금까지 PHASE 0일 때 내용입니다. 제가 PHASE 변화의 원리를 말씀드렸습니다.

변화성향

표의 PHASE 1 부분을 보면 됩니다.

나이가 35세에서 40세 정도 되면 변합니다. 반대입니다. 'NOT'입니다. 제가 모든 변화의 시작을 'NOT'으로 설명드렸습니다. 내가 '내가' 아닌 시기입니다. 때로는 혼란이 오기도 합니다. 하지만 '1'인 분은 특히 이 점에서 강력한 장점이 있습니다. 자유자재로 변신이 가능한 분이기에 별다른 혼란이 없습니다. 다만 두 가지 성향을 자라온 환경이나 기타요인으로 정하지 못하신 분은 일생을 혼란과 혼돈을 겪을 확률이 높습니다. 제가 모든 것이 '두 배'라고 했습니다. 현재 이런 혼란이 있으신 분은 빨리 자신에 대해 안다면 쉽게 해결될 수 있을 겁니다. 구체적 설명은 '3' '7' 내용과 중복되니 참조 바랍니다. 하지만 둘 중 하나라기보다 섞여 있기에 본인의 생각이 중요합니다. 곰곰이 생각 바랍니다.

생각의 기준, 판단의 기준

나는 내 능력을 극대화하기 위해서 뭐든 할 수 있다고 생각합니다.

말하는 것, 이야기하는 것에 능숙하지만 때로는 말하지 않는 것이 더 좋거나 내 것에 대해 특히 아끼고 때로는 친절하기도 때로는 무례하기도 합니다.

그 이유는 매우 집중하거나 여러 가지 생각을 해서인데 이 또한 순식간에 바꿀 수 있기 때문입니다.

그래서 '때로는' 이라는 표현을 한 이유입니다. 그래서 '순식간'이라는 표현을 한 이유입니다.

1. 자신이 '2'의 성향과 유사하다면 '2' 항목을 참조 바랍니다.
2. 자신이 '4'의 성향과 유사하다면 '4' 항목을 참조 바랍니다.
3. 잘 모르겠다면 컨설팅이 필요합니다.

주의해야 할 부분

1. 자신이 '2'의 성향과 유사하다면 '2' 항목을 참조 바랍니다.

2. 자신이 '4'의 성향과 유사하다면 '4' 항목을 참조 바랍니다.

3. 하지만 자신의 성향이 매우 괴팍하다는 것을 인정해서, 다른 이를 배려하는 마음과 행동을 좀 더 자주 하길 바랍니다. 본인으로 인해 힘든 주변 분이 많다는 것을 깨닫고 자신의 뜻대로 하더라도 '2'의 성향, 즉 부드럽고 소통하는 상태를 유지하도록 노력한다면 진짜 존경받는 능력자가 될 수 있습니다.

4. 또한 약자에게 강하며 강자에게 약하기도 합니다. 두 얼굴을 올바른 일에 사용한다면 지금 하는 일이 훨씬 잘 풀립니다. 거짓말에 능하지만 이 역시 올바른 거짓말에 사용하길 바랍니다.

5. 30~40대 안정이냐, 추진이냐의 선택에 기로에서 당신 능력을 믿는 선택이 도움될 것입니다.

2.
숫자 '2'인 경우

∽

내 행동이 '2'와 같다거나 마음이 '2' 같다면 이를 분리하여 아래 내용을 읽기 바랍니다.

숫자	PHASE	별명	도식	이미지	상징성	해석
2	0	소통가	●—●—●	바람	시계추	동적 연결성
7	1	선구자	▲	벼락	송곳	직진성

기본 성향

가장 소통을 잘하고 눈치가 빠른 성향입니다. 도표를 보면 별명을 '소통가'로 지었습니다. 소통을 잘하려면 말하기 능력이 뛰어나면 좋습니다. 그래서 그런 분이 많습니다. 말도 잘하고 밝고 긍정적인 이미지를 줍니다. 그래서 '바람'과 같습니다. 바람의 이미지 중

바람둥이 느낌이 있다는 것을 부정할 수 없지만 사실 바람둥이라도 실제 행동을 하느냐 못하느냐는 다른 문제입니다.

저는 국내 대기업 임원 670명을 TMA 분석에서 숫자 '2'를 가진 분의 비율은 평균 이상(평균 139, (숫자 '2' = 160))입니다. 이 의미는 여러 가지로 해석될 수 있지만 긍정적인 분석은 바로 직장생활에 적응을 잘 하는 유형으로 보입니다.

도식을 살펴보면 점과 점의 연결로 표시하였습니다. 이 도식은 그림 느낌 그대로 받아들이면 됩니다. 그래서 이미지가 바람입니다. 이 의미를 '~와 같다'로 생각합니다. 즉 나는 바람과 같다. 쉽게 물질적으로 시계추로 생각하면 됩니다. 그리고 동적 연결성을 가진 성향으로 이해하면 됩니다.

즉 시계추처럼 '이것저것' '이곳저곳' '왔다갔다'가 가능합니다. 그래서 때로는 혼란스러울 수 있고 때로는 가벼워 보일 수 있습니다. 하지만 스스로 다양성을 가지기 위한 노력입니다. 당연히 상담하기 가장 좋은 유형 중 하나입니다. 다른 사람의 말을 잘 들어주고 자기 이야기도 잘합니다. 어떻게 보면 미국적 성향 중 하나로 보입니다. 잘 표현하고 활발하고 긍정적인 자기계발형입니다. 그래서 말하기로 성공하는 분이 많습니다. 이 말은 운동선수라도 말을 잘하는 선수이며, 연구원이라도 발표에 능합니다. 전혀 말하기와 관련 없어 보이는 분야에도 이런 분은 돋보입니다.

세상은 경쟁 사회입니다. 그 중 남과 소통에 뛰어나고 말하기에 능하며 눈치가 빠른 것은 매우 큰 장점입니다. 하지만 때로는 중심을 잡지 못합니다. 흔히 『천 번을 흔들려야 어른이 된다』라는 책 제목과 비슷하다고 생각하면 됩니다. 이 성향의 흔들림은 거의 숙명과도 같기에 자기 성향을 모를 때 매우 혼란스런 상황을 겪을 일이 많습니다. 때로는 줏대 없는 사람으로 보이기도 하고 뭐하나 제대로 하지 못하는 사람으로 평가되기도 합니다. 넓고 얇은 지식의 일인자기에 소위 '아는 척'은 많이 하지만 제대로 아는 것은 없는 경우가 있습니다.

전문가가 되기 어렵습니다. 하지만 실망할 필요는 없습니다. 전문가가 아닌 다양한 분야를 두루 알아 활용하는 사람이 되면 됩니다. 이런 성향이 교수 같은 집단에 있으면 주로 강단보다 TV나 사회분야에 진출을 많이 합니다. 이런 성향일 때는 흔히 '방랑벽'이 도질 수 있습니다. 집안에 있지 못하고 밖으로 떠도는 분 중에 이런 분이 많습니다. 하지만 전반적으로 부드럽고 순합니다. 때로는 겁이 많을 수 있습니다. 무서움을 알기에 극단적인 행동을 하지 않습니다. 그래서 오히려 생존력을 키워줍니다.

어떤 분야에서도 잘 돋보일 수 있는 능력을 발휘하는 분이며 자신 보다 남의 시선과 이익을 먼저 생각하실 분입니다. 또한 결정적인 선택에서 매우 빠른 판단이 가능하고 다양한 정보를 모아 쉽게 요약하거나 간단히 정리할 수 있기에 복잡한 일을 깔끔히 처리할 수 있는 분입니다.

자신의 주변인 중에 숫자 '2'인 사람과는 이야기가 잘 통합니다. 하지만 이야기에서 끝날 수 있으니 실망하지 맙시다. 또한 선택장애가 있을 때 이런 분에게 맡기면 별 고민 없이 해결될 수 있으니 의지해보면 좋습니다.

지금까지 PHASE 0일 때 내용입니다. PHASE 변화 성향을 말씀드리겠습니다.

변화성향

표의 PHASE 1 부분을 보면 됩니다.

나이가 35세에서 40세 정도가 되면 변합니다. 반대입니다. 'NOT' 입니다. 숫자 '7', 선구자로 변합니다. 말 잘 통하던 사람이 남의 이야기를 듣지를 않습니다. 자기 주장이 약하던 사람이 자기 주장만 합니다. 부드러운 바람이 뾰족한 송곳이 되어 제멋대로 합니다. 하지만 다양한 방면과 여러 사람을 접하고 자라왔기에 송곳이라도 마냥 뾰족하지만은 않습니다. 오히려 장점이 될 수 있습니다. 가로축 즉 넓고 얇은 지식이 세로축 좁고 깊게 변하니 크게 보면 큰 삼각 축을 구성합니다. 편견이 덜한 전문가입니다. 구체적 설명은 '7' 내용과 중복되니 참조 바랍니다.

생각의 기준, 판단의 기준

나는 무엇을 선택하고 어떻게 표현해야 할까?

자주 이거 했다, 저거 했다라고 하며 누구든 어울리고 이야기하는데 익숙합니다. 그 이유는 말하지 않으면 미칠 것 같고 한 가지만 하기에는 불안하기 때문입니다.

그래서 '이것저것'이라는 표현을 한 이유입니다. 그래서 '말하다'라는 표현을 한 이유입니다.

주의해야 할 부분

1. 하지만 자신의 성향이 매우 가볍고 흔들릴 수 있다는 것을 인
   정하여, 주변을 안정시키고 자신을 위한 일을 자주 하길 바랍
   니다. 너무 다른 사람을 신경 써서 오히려 자신에게 또는 자기
   가족에게 손해를 보는 것만 조심하면 모든 이에게 사랑받을
   수 있는 것을 명심하면 됩니다.
2. 약자에게도 약하고 강자에게도 약한 승부욕과 투쟁심이 부족
   하기도 합니다.
3. 30~40대 추진력이 붙어 직진할 일이 생길 때 지금까지 살아
   온 인생이 헛되지 않았음을 보여줄 수 있는 기회를 놓치지 않
   기 바랍니다.

3.
숫자 '3'인 경우

∽

내 행동이 '3'과 같다거나 마음이 '3' 같다면 이를 분리하여 아래 내용을 읽기 바랍니다.

숫자	PHASE	별명	도식	이미지	상징성	해석
3	0	법률가		연못	그릇	보관성
4	1	지배자		산	벽	고정성

기본 성향

가장 안정되고 모든 일에 체계적인 성향입니다. 도표를 보면 저는 별명을 '법률가'로 지었습니다. 규칙을 정하고 체계적이며 무엇이든 자기 안에 담으려고 합니다. 그래서 '연못'과 같습니다. 연못의 이미지는 그릇을 연상할 수 있습니다. 잘 담아냅니다. 그리고 그릇은 경계가 분명합니다. 내 '밥그릇'이라는 말을 떠올려 보면 이해가 됩니다.

국내 대기업 임원 670명을 TMA 분석에서 숫자 '3'을 가진 분의 비율은 평균 이하(평균 139, (숫자 '3' = 133))입니다. 이 의미는 여러 가지로 해석될 수 있지만 긍정적인 분석은 바로 사기업보다는 공기업, 국가기관에 잘 어울리는 유형으로 보입니다.

도식을 살펴보면 도형의 테두리를 강조했습니다. 도식 그림의 느낌 그대로 받아들이면 됩니다. 그래서 테두리는 '경계'입니다. 내 것과 내 것이 아닌 것의 구분을 중요하게 생각합니다. 내 것 안에 들어오면 내 편이 되고 아니면 적으로 생각하기 쉬운 유형입니다. 보관성을 가진 성향이기에 항시 유지하려고 합니다. 그래서 안정되어 있습니다. 이 말은 매우 침착하고 이런 분 곁에 가면 편안합니다. 부모님, 어머니를 떠올리는 분도 있습니다. 그리고 외부 스트레스에 대해 강합니다. 원만해서는 떨리거나 두려워하지 않습니다. 결정은 늦을 수 있지만 유지는 오래합니다.

그릇에 자신의 역량을 담고 '적절히' 사용 가능합니다. 그래서 때로는 답답해 보일 수 있으나 자신의 프로세스(Process)대로 진행하고 있는 것입니다. 조금은 기다려 줄 필요가 있습니다. 좋은 성향으로 발전하기 위해 그릇을 키워야 합니다. 그릇이 작으면 성향의 장점을 발휘할 수 없는 경우가 생깁니다. 흔히 '좀생이' 또는 '고지식'한 유형이 될 수 있습니다. 그릇이 커야 한다는 뜻은 많은 경험과 다양한 분야에 대해 편견이 없어야 합니다. 특히 편견이 매우 강한 유형 특성상 항시 자신만의 기준을 철저히 고수하려고 합니다. 이런 유형은 내 사람, 내 가족, 내 회사 등 어떤 경계(Boundary)를 항시 중요하게 생각합니다.

그 안에 들어가길 원하며 자신의 주변 사람 역시 자신과 같은 소속이길 원합니다. 때론 강요하기도 합니다. 상담할 때도 자기 마음에 들면 모든 것을 이야기 하지만 아니다 싶으면 절대 말하지 않습니다. 어찌 보면 믿고 맡길 수 있는 사람 성향 중 하나입니다. 규칙을 잘 지키고 조직 안에서 만족하며 공부나 단순한 일이라도 잘 적응하고 모든 일에 충실한 유형입니다. 그래서 조직적으로 또는 어떤 분야에서도 리더로 성공하는 분 또한 많습니다. 이 말은 든든한 아버지 같은 리더가 될 수 있으며 든든한 맏아들 같은 구성원도 될 수 있습니다. 이런 분이 있는 조직은 그래서 안정성을 추구합니다. 그리고 어떤 분야에서도 롱런(Long-Run)하는 분이 많습니다.

세상은 이기적인 사회입니다. 그 중 내 것과 내 것이 아닌 것에 대한 집요함은 자기 특정 조직에 이익을 우선시 하는 성향이 장점으로 발휘됩니다. 하지만 때로는 너무 내 편, 자기중심적입니다. 흔히 '밥그릇 싸움'에 집착하는 모습으로 나타납니다. 이 성향은 안정성에 너무 치중하여 과감한 도전을 하지 않기에 기회가 왔을 때 잡지 못하는 상황을 겪을 일이 많습니다. 체계적인 지식의 일인자기에 소위 '자격증', 특정 목적이 있는 '시험'에 강합니다. 하지만 이론만 강한 '헛똑똑이'일 수 있습니다. 특정 분야 전문가입니다. 하지만 매너리즘에 빠지거나 무사태평할 수 있습니다.

이럴 때 다양한 분야를 두루 알아야만 자신의 그릇을 키울 수 있습니다. 이런 분이 큰 그릇이 될 때 엄청난 일을 해냅니다. 그래서 조직을 유지하는 리더로서 매우 유리합니다. 어떤 분야에서도 유지를 하려면 이런 성향인 분에게 맡기면 됩니다. 시작이 아닌 '유지'입니다. 혹은 '마무리'가 될 수도 있습니다.

자신의 주변인 중에 숫자 '3'인 사람과는 고민이나 투정도 잘 받아줍니다. 하지만 원론적이고 그냥 들어 주기만 하더라도 너무 실망하지 않기 바랍니다. 또한 위기가 왔을 때 이들 품속으로 들어가면 별 피해를 입지 않고 버텨낼 수 있습니다. 둥지를 떠난 새, 집 나온 고양이는 힘듭니다. 둥지가 필요할 때 의지해보면 좋습니다.

지금까지 PHASE 0일 때 내용입니다. PHASE 변화 성향을 말씀드리겠습니다.

변화성향

표의 PHASE 1 부분을 보면 됩니다.

시간이 흐르면 변합니다. 반대입니다. 'NOT'입니다. 숫자 '4', 지배자로 변합니다. 우리를 챙겨주던 사람이 자기자신만 생각합니다. 느긋하고 편안하던 사람이 갑갑해 졌습니다. 돈에 무관심한 사람이 돈만 생각합니다. 말 잘 듣고 순했던 사람이 이제 자기주장을 합니다. 의지력은 더 단단해지고 최고의 자리에 있을 때 엄청난 성과를 지켜내고 버텨냅니다. 이제 모든 일에 '게임을 지배하는 자'가 됩니다. 자기계발적 인간의 완성형이 됩니다. 이기적이며 조직과 자본과 경쟁에 능합니다. 세상을 다 담을 정도로 넓은 마음이 성과를 내기 시작합니다. 무엇을 하든지 무엇이든 할 수 있는 사람이 됩니다.

구체적 설명은 '4' 내용과 중복되니 참조 바랍니다.

생각의 기준, 판단의 기준

어떤 기준을 가지고 어떤 구별을 해야 할지 생각해야 합니다.

항상 차분하고 얌전하다는 이야기를 듣지만 네 것, 내 것, 내 편, 네 편 같은 편가르기를 좋아하며 순서, 규칙에 잘 맞춥니다. 사실 모든 일이 별로 흥분되거나 별 것 아니라고 생각하고 명확한 기준으로 구분된 것이 편하기 때문입니다.

그래서 '네 것, 내 것'이라는 표현을 한 이유입니다. 그래서 '별것 아니다'라는 표현을 한 이유입니다.

주의해야 할 부분

1. 하지만 자신의 성향이 너무 집단이기주의일 수 있는 것을 인정하여, 그 범위를 확장 시켜 더 많은 공감을 얻길 바랍니다. 너무 규칙과 안정에만 신경 쓴다면 오히려 자신에게 오는 기회를 놓칠 수 있다고 명심하면 됩니다.
2. 또한 약자에게도 무심하고 강자에게도 무심한 모든 것에 무관심으로 대처하여 동적 에너지가 부족하기도 합니다.
3. 30~40대 결정의 시기가 왔을 때 무사태평하기보다는 조직의 리더가 될 수 있거나 특정 분야에 돈을 벌 기회라 생각하고 그것을 놓치지 않기 바랍니다.

4.
숫자 '4'인 경우

∽

내 행동이 '4'와 같다거나 마음이 '4' 같다면 이를 분리하여 아래 내용을 읽기 바랍니다.

숫자	PHASE	별명	도식	이미지	상징성	해석
4	0	지배자		산	벽	고정성
3	1	법률가		연못	그릇	보관성

기본 성향

가장 현실적이고 모든 일을 자기 의지대로 하려는 성향입니다. 도표를 보면 저는 별명을 '지배자'로 지었습니다. 일에 있어 지시하고 자신의 뜻대로 하려고 하며 하나부터 열까지 모두 신경 쓰려고 합니다. 그리고 한번 결심한 일은 끝까지 하며 중간에 그만 두지 않습니다. '벽'과 같습니다. 벽의 이미지는 고정성입니다. 움직이지 않습니다. 그래서 의지가 강한 한국적 스타일과 잘 어울립니다. 과거 아버지 세대의 전형으로 생각됩니다. 참아내고 불굴의 의지로 이겨냅니다. 하나도 허투루 보지 않으며 '노력은 배신하지 않는다'고 생각합니다. 매우 현실적이고 생활력이 강한 유형으로 특히 금전적 부분에 대해 의지가 남다릅니다. 어떤 일이든 돈이 되는 고민을 먼저 합니다. 그리고 자기에게 득이 되는지를 먼저 따집니다. 그래서 사회적 경제적 성공하신 분이 많습니다. 그 덕에 높은 위치에 올라 진정한 지배자가 되신 분도 많습니다.

국내 대기업 임원 670명을 TMA 분석에서 숫자 '4'를 가진 분의 비율은 평균 이상(평균 139, (숫자 '4' = 145))입니다. 이 의미는 여러 가지로 해석될 수 있지만 긍정적인 분석은 바로 조직과 성과에 잘 어울리는 유형으로 보입니다.

도식을 살펴보면 삼각형과 사각형으로 표현했습니다. 일종의 '각'입니다. 반듯하고 굳건히 닫혀 있습니다. 틈과 여유가 없습니다. 자신의 주장에도 '각'이 있으며 다른 사람을 대할 때도 이 '각'이 나올 수 있습니다. 그래서 만만하지 않습니다. 그리고 어떤 고난과 역경을 잘 이겨냅니다. 흔히 '버티기'의 명수입니다. 고정성을 가진 성향으로 어떤 것이든 영원히 하려고 합니다. 오래 하기를 바랍니다. 그래서 돈에 대한 생각이 확고합니다. 돈이 들어오면 절대 나가는 것을 용납하지 않으려 합니다. 돈과 이익을 먼저 생각합니다.

지배력의 기준이 돈이라는 사실을 가장 먼저 깨닫는 성향입니다. 때로는 이기적입니다. '3'의 이기심은 다수가 될 수는 있지만 '4'

의 이기심은 오직 하나 자기 자신입니다. 그래서 현대사회의 성공과 궁합이 잘 맞습니다. 경쟁에 강합니다. 남을 고려하지 않기 때문에 선택 상황에서 항시 유리할 수 있습니다. 이런 분 곁에 가면 이득이 생깁니다. 그래서 주변에 현실적 충고나 조언을 바라는 분이 많습니다. 우리는 배금주의를 터부시하지 않습니다. 숭배합니다. 그래서 이런 분이 존경받게 됩니다. 하지만 언제나 자신이 우선시되기 때문에 선을 지키는 것이 좋습니다. 같이 가지 않습니다. 혼자 갑니다.

벽을 치고 자신을 방어하고 도전에 응전합니다. 때로는 한계를 보일 수 있습니다. 하지만 시간을 주면 언젠가는 해냅니다. 가장 좋은 성향으로 발전하기 위해서 자신의 범위를 넓혀야 합니다. 즉 '3'의 성향과 조합될 때 시너지가 발휘됩니다. 자칫 고집과 아집으로 망칠 수는 있습니다. 기본적인 지배성향이 이 분을 리더로 성장할 수 있게 도와줍니다. 뭐든 가르치려고 하고 뭐든 지시하길 좋아하기에 그런 위치에 있을 경우가 많습니다. 자리가 사람을 만들 듯 리더의 자리에 있기 유리합니다. 이 성향이 마음속에서 자라나 행동으로 발휘될 때 진정한 잠재성이 나타납니다. 벽을 가진 마음이 매우 유리하게 됩니다. 이 벽이 모든 결과를 감당할 수 있게 해줍니다. 이 고정성이 언젠가는 승자로 만들어 줍니다. 정글의 법칙에서 강한 자가 살아남는 것이 아니고 살아남는 것이 강한 자입니다. 이 말은 이 분의 성향을 대변해주는 글귀입니다. 저는 이 유형을 두려워합니다. 특히나 저처럼 흔들리고 조금은 가벼운 사람을 이런 분은 싫어합니다. 또한 디테일합니다. 디테일에 대한 자기계발서가 유행했을 때 가장 환호를 지를 분입니다.

지배자의 표본은 왕입니다. 왕은 자기 소유지의 풀 한 포기 나무 하나도 다 자기 것이기에 아끼고 참견하려 합니다. 또한 왕위를 지키기 위해 수단과 방법을 가리지 않습니다. 현실적입니다. 공상과 이상, 꿈을 싫어합니다. 분명하지 못하고 허황된 것 또한 싫어합니다. 소설을 싫어하는 것과 유사합니다. 그래서 비현실적인 사람을 싫어합니다. 이런 말을 자주합니다. '돈이 될까?' 나에게 유리한지 생각하기에 언제나 손해 보지 않습니다. 회사가 망하더라도 돈을 챙기는 임원과도 같습니다. 그래서 남편으로서 아버지로서는 매우 좋습니다. 가정을 잘 보살핍니다. 자식 굶기는 법이 없습니다. 강력한 생존력으로 가정과 세상을 장악합니다.

이런 분의 조언이 세상에 많이 퍼집니다. 일종의 경쟁 리더십, 노력의 이데올로기이자 자본주의적 생각의 화신입니다. 그래서 세계를 지배하고 있다고 봐도 무방합니다. 거대한 벽에 계란을 던지는 느낌이 들 수 있습니다. 현재 세계는 이 유형의 세상입니다. 우리가 힘든 이유도 이 유형들 밑에서 일하고, 돈 벌고, 먹고 살기 때문일 수도 있다는 생각이 듭니다. 하지만 어렸고, 이제 시작했고, 궁핍했던 과거를 떠올린다면 이 분의 성과와 업적을 존경할 수밖에 없습니다. 이 분은 도망가지 않습니다. 피하지 않습니다. 부딪쳐 이겨냅니다. '1' 성향이 능력자인 이유도 이와 같습니다.

이런 분들이 가끔 회피하거나 그만 둘 때가 있습니다. 마치 손해를 보는 듯하지만 결코 손해를 본 것이 아니고 더 큰 이익을 쫓아간 것으로 생각하면 됩니다. 하나를 공짜로 주면 그 댓가를 꼭 요구합니다. 즉 공짜가 없는 분입니다. 호의에 속지 말고 그냥 공짜를 바라지 않으면 됩니다. 때로는 부드럽거나 봉사를 많이 하는 분도 있습니다. 하지만 하나씩 조사해보면 자기 것은 챙겨 둔 것을 알 수 있습니다. 어릴 때 이런 기억 있을 겁니다. 시험 기간에 꼭 이런 말을 합니다. '어제 공부 못하고 잤다'거나 '이번 시험 망쳤다'거나 '정말 공부 하나도 못했다'고 하소연합니다. 여러분이 생각하는 기준에서 이런 말을 생각하면 안됩니다. 공부는 다 했습니다. 단지 자기만족이 되지 않았을 뿐입니다.

만일 저 같은 사람이 이런 말을 했다면 정말 그런 것입니다. 정말 시험을 못 치고 망쳐야 정상입니다. 하지만 반전이 일어납니다. 이런 말을 했지만 시험은 잘 칩니다. 못 마땅하게 여길 수 있으나 이해가 필요합니다. 흔히 동업자가 필요할 때 이런 분과 같이하면 손해 볼 각오를 해야 동업이 잘 됩니다. 똑같이 하겠다고 마음먹으면 상처받습니다. 이런 점들 때문에 이 분이 자기 편, 자기 리더이자 자기 집에 있다면 구성원은 행복한 불평을 할 것입니다. '배부른 돼지보다 배고픈 소크라테스가 낫다'고 할 지라도 정말 배고파 본 사람은 다시는 배고픔의 고통을 겪지 않으려 합니다.

하지만 이들 중에는 매우 인자하고 존경받는 인품을 가진 분이 많습니다. 이런 능력을 의지력과 인내심으로 승화시킨 분은 누가 봐도 든든한 '믿을 수 있는 사람'이 됩니다. 야구의 마무리 투수와 비교됩니다. 표정에 변화가 없고 생각을 읽어낼 수 없습니다. 강심장이고 어떤 상황에도 자기 할 일을 합니다. 헌신적인 이 분의 노력에 우리는 오히려 이 분을 안쓰러워하고 호의를 베풀어 줍니다. 하지만 배보다 배꼽이 더 큰 경우가 많습니다. 누가 누구를 위로할 입장이 아닌데 우리를 착각하게 만듭니다.

이 분은 위로할 필요 없는 가장 큰 이유는 어찌 되었건 '돈'과 '이익'을 자신이 가져갑니다. 손해가 없는데 손해인 것처럼 보일 뿐입니다. 이런 식입니다. 어떤 분이 사회적 헌신과 자신을 내던질 정도로 일을 해서 성과를 냅니다. 그리고 아무런 미련 없이 떠납니다. 우리는 호의와 위로를 이럴 때 보냅니다. '그동안 고마웠습니다. 앞으로도 다른 곳에서도 잘 되길 기원합니다.' 하지만 이분은 최고급 승용차를 타고 호화주택에 살고 있으며 이미 일반인보다 수십 배나 많은 돈을 챙겨갑니다. 이런 위로의 아이러니가 가장 많이 일어나는 곳이 스포츠계, 연예계, 정치계입니다. 어떤 느낌인지 이해되는지요?

자신의 주변인 중에 숫자 '4'인 분에게는 현실적인 충고나 조언을 구하면 됩니다. 하지만 같이 일을 하거나 뭔가 얻으려고 할 때 실망할 수도 있으니 주의하면 됩니다. 또한 자신이 방황할 때 이들 곁으로 가면 승자의 지혜를 얻을 수 있습니다. 아무리 초라해 보여도 왕은 왕입니다. 왕은 절대 손해를 보지 않습니다. 조언을 구하는 선에서 의지해보면 좋습니다.

지금까지 PHASE 0일 때 내용입니다. PHASE 변화 성향을 말씀드리겠습니다.

변화성향

표의 PHASE 1 부분을 보면 됩니다.

시간이 흐르면 왕의 지배적 긴장감도 편안함과 안락함으로 바뀝니다. 반대입니다. 'NOT'입니다. 숫자 '3', 법률가로 변합니다. 우리에게 지시하던 사람이 느긋하고 여유로워졌습니다. 돈만 생각하던 사람이 주변도 돌아보기도 합니다. 무서웠던 아버지가 편안한 친구처럼 대화하게 됩니다. 가부장적 상사와 술 한 잔 한 뒤 어깨동무하고 '파이팅'을 외치는 이미지입니다. 그릇, 보관성의 크기에 따라 상황이 극적으로 변합니다. 하늘을 보관할 정도의 그릇이 될 수도 있습니다. 이제는 의지력을 논하지 않고 자기 사람을 챙겨주고 보듬어 주기에 따르는 사람이 많아집니다. 채찍이 당근이 되어 다가올 때 추종자로 넘쳐납니다.

구체적 설명은 '3' 내용과 중복되니 참조 바랍니다.

생각의 기준, 판단의 기준

나에게 유리한 점과 이익은 무엇인지 생각해야 합니다.

혼자 있는 것이 편하고 말하는 것도 귀찮을 때가 있으며 특히 내 소유물(돈, 특정 물건)에 대한 애착과 모든 일에 내가 나서지 않으면 불안합니다.

그 이유는 나는 내 자신을 가장 믿고 주변에서도 듬직한 사람이라고 평가하나 사실 내 중심적으로 생각하고 내 뜻대로 하는 것을 좋아하기 때문입니다.

그래서 '소유물'이라는 표현을 한 이유입니다. '내 중심적'이라는 표현을 한 이유입니다.

주의해야 할 부분

1. 하지만 자신의 성향이 너무 개인주의일 수 있다는 것을 인정하여, 고립되기보다는 나보다 남을 생각하고 손해를 보더라도 장기적 관계의 소중함을 알기 바랍니다. 자기 위주의 생각과 돈에만 신경 쓴다면 오히려 자신에게 오는 평화와 안정의 기회를 놓칠 수 있다는 것을 명심하면 됩니다.
2. 또한 약자에게 강하고 강자에게 약한 너무 현실적인 타협을 추구하여 도전과 개척정신이 부족하기도 합니다.
3. 30~40대 결정의 시기가 왔을 때 고집과 아집을 버리고 여러 사람과 상황을 아우를 수 있는 배려심과 손해를 감수할 수 있는 용기를 가진다면 장기적인 이익으로 되돌아올 것입니다.

5.
숫자 '5'인 경우

∾

내 행동이 '5'와 같다거나 마음이 '5' 같다면 이를 분리하여 아래 내용을 읽기 바랍니다.

숫자	PHASE	별명	도식	이미지	상징성	해석
5	0	지식인		빛	불	조화성
6	1	창조자		물	물	초연결성

기본 성향

가장 이성적이고 학문적이며 똑똑한 두뇌를 가진 성향입니다. 도표를 보면 저는 별명을 '지성인'이라 지었습니다. 일을 할 때 조화와 균형을 중시하고 사람에게도 감정보다는 논리에 입각해서 대하려

합니다. 그리고 지적이고 공부하기를 좋아하여 학업이나 교육 관련하여 관심이 많으며 무엇이든 배우고 익히려고 합니다. 그래서 신이 인류에게 준 가장 큰 선물이자 지혜인 '불'과 같습니다. 불의 이미지는 조화와 아름다움, 빛남입니다. 불을 가진 사람 주변으로 사람이 모이고 빛이 나기에 주변을 이롭게 합니다. 그리고 공부를 중요시하는 스타일과 잘 맞아 어떤 분야에서 이론에 능통합니다. 운동을 해도 운동학에 관심을 가지고 분석을 잘합니다. 노래를 하더라도 자작곡을 하고 음악이론을 공부하며 춤을 추더라도 마찬가지입니다. 실제 학벌과 상관없이 꼭 머리를 쓰는 성향이 있어 좀더 쉽고 편리하게 일을 처리하려 합니다.

국내 대기업 임원 670명을 TMA 분석에서 숫자 '5'를 가진 분의 비율은 평균 이상(평균 139, (숫자 '5' = 149))입니다. 이 의미는 여러 가지로 해석될 수 있지만 긍정적인 분석은 바로 학업 성취가 높아 조직 진입에 능한 유형으로 보입니다. 도식을 살펴보면 오각형으로 표현했습니다. '오각' 속에 그려진 별 모양을 '펜타그램'이라 합니다. 가장 완벽하고 안정된 모양입니다. 가장 작은 선에서부터 가장 긴 선까지 차례로 황금 분할로 이루어졌습니다. 황금 분할은 가로와 세로 길이의 비가 1:1.618로 사물이 가장 아름답게 보이는 비율을 말합니다. '오각'과 별과 빛과 불과 숫자 '5'는 모두 같은 상징성을 가집니다.

사람을 대할 때 항시 중간자적 입장을 취하며 공평하게 결정하려고 합니다. 그래서 극단적인 상황을 만들지 않습니다. 문제는 어느 한쪽을 결정하지 못해 비난받기도 합니다만 언제나 이 성향인 분의 의견은 존중받습니다. 흔히 '좋은 말, 명언'의 명수입니다. 아름다운 것을 좋아하여 미학적인 것에 관심이 많습니다. 어떤 물건이건 예쁘고 깔끔한 것을 좋아하기에 액세서리나 여러 미술품을 모으기도 합니다. 외모 역시 사람에게 어필을 할 수 있기에 인상이 좋거나 이목구비가 뚜렷하거나 전체적 몸의 균형미가 뛰어난 분이 많습니다. 외모가 아니어도 흔히 '뇌섹'이라는 말과 어울리는 분이 많습니다. 교양과 학식이 풍부하기에 어디서든 주목받고 이 분의 행동 하나 말 하나가 관심을 끌게 됩니다. 이 결과, 원하든 원하지 않던 리더의 자리 또는 보좌할 수 있는 자리에 많이 오르게 되므로 어떤 분야에서 쉽게 성공을 합니다.

하지만 자기의 머리만 믿고 준비를 안 하거나 일의 마무리가 약할 수 있습니다. 그래서 미루는 버릇이 생길 수 있습니다. 언제든 마음만 먹으면 처리할 수 있을 것 같기 때문에 게을러 보일 수 있습니다. 또한 뭐든 깊이 알아내려고 하기에 독립적으로 행동할 경우 세상과 담을 쌓거나 장기간 학문, 종교 또는 어떤 분야에 깊이 빠져 세상을 돌아다니거나 한자리에 머물지 못하는 경우도 있습니다. 그리고 공부만 하는 고시생이나 소심한 지식인이 되어 아무런 행동도 하지 않은 채 집에만 있거나 자기 틀 안에 갇혀 있을 경우가 많습니다. 하지만 똑똑합니다. 그래서 체제나 조직, 룰에 대한 저항심도 많고 불만을 품으면 상황을 전복하려는 성향도 있어 사상가나 개혁가의 면모도 가지고 있습니다.

이런 분의 언어는 이성적이고 논리적이어서 사람을 설득하기에 수월합니다. 같은 말이라도 감정에 호소하기보다 딱딱 맞아떨어지는 톱니처럼 이야기합니다. 그래서 말 잘하는 분 중에 특히 변호사 스타일이 많다고 보면 됩니다. 논쟁에 강하기 때문에 나이와 상관

없이 언어에 힘이 있습니다. '말싸움'에 강하다고 보면 됩니다. 말을 잘하는 것과 말싸움을 잘하는 것은 엄연히 다릅니다. '2'가 말을 잘한다면, 즉 교감, 전달, 경청 등 언어전달의 본질적 기능에 강하다면 '5'의 말은 따지거나, 설득하는 등 고차원적 언어 기능에 강하다고 보면 됩니다. 물론 이 두 가지 성향이 있다면 변호사나 검사, 대변인, 토론가, 사상가 등을 하신다면 대성할 수 있습니다.

이 성향이 있다면 글을 쓰거나 자신의 생각을 정리할 무엇인가에 능합니다. 메모를 잘할 수도 있습니다. '적자생존'이라는 말에 '적자'를 글을 '쓰다'로 표현하는 언어유희처럼 신나게 '적어'댈 수도 있습니다. 그렇기에 기억력도 우수하고 과거를 속속들이 알고 있어 유리하게 활용하는 경우도 많이 있습니다. '뭐 그런 것까지' 기억한다고 놀릴 수 있습니다만 이 분은 주장과 생각에 근거가 있는 즉 '뼈 있는 말', '촌철살인'에 능하다고 볼 수 있습니다.

조직에서 중재자 역할을 할 경우가 많이 있습니다. 이 분은 부하지만 왠지 상사처럼 잔소리하는 부하 직원이며 상사지만 왠지 동료 같은 상사일 경우가 많습니다. 그만큼 상하관계보다는 수평적 관계에 능하며 사람들의 화합을 우선시 여겨 조직에서 분위기메이커가 되거나 오락부장, 총무 자리를 독차지하는 경우가 많습니다.

모으고 뭉치게 하는 경향이 강합니다. 때로 자신에게 소홀할 경우 일에 한계를 보일 수 있습니다. 하지만 존중과 존경을 받기에 그 힘으로 버틴다고 볼 수 있습니다. 가장 좋은 성향으로 발전하기 위해서는 자신을 드러내야 합니다. 2인자도 좋지만 1인자가 될 수 있다면 더 좋습니다. 즉 '9' '2'의 성향과 조합될 때 시너지가 발휘됩니다. 뭘 해도 주변에 사람으로 넘쳐나고 도와주는 사람이 많습니다.

물론 정치적 이슈나 대중에게 현혹되어 자칫 과욕을 부린다면 망칠 수는 있습니다.

저는 이 유형을 부러워합니다. 기억력이나 이론과 논리에 약한 사람은 이런 분에게 혼쭐이 납니다. 또한 정의롭습니다. 불의에 저항하고 대응하려 합니다. 자신이 손해를 보더라도 그걸 감수합니다. 하지만 혼자서 힘들어합니다. 그래서 친구는 많지만 말이 통하는 친구는 적을 수 있습니다. 혼자 있을 때보다 남과 비교될 때 큰 차이가 보입니다. 그냥 똑똑한 정도로만 보일 수 있습니다. 그래서 간혹 얌전히 공부만 하는 친구로 알았는데 학생회장을 하거나 조직에서 돋보이거나 정치적 발언이나 소신 있는 발언을 하는 것 보고 놀랄 수 있습니다.

그런 분입니다. 얌전히 있다고 얌전한 것이 아니라 자신의 능력을 먼저 표현하지 않을 뿐입니다. 간혹 '헛똑똑이'로 전락하는 경우도 있습니다. 자기 발언을 과신하여 정말 말과 행동이 다른 모습을 보여주기도 합니다. 이론으로 연애를 하거나 이론으로 사업을 합니다. 시작하기 전에는 모두의 믿음을 얻지만 막상 시간이 흐르면 실수투성이거나 잘못 판단하는 경우가 있습니다. 흔히 황당한 상당의 배우자를 얻거나 뜬금없는 사업아이템을 선택하는 것이 대표적 사례입니다. '헛똑똑이'긴 하지만 그 '똑똑'의 힘은 주변의 믿음입니다. 늘 신뢰를 받고 자라났기 때문일 수 있습니다. 자주 듣는 말은 '언제나 저 아이가 하는 말이 맞았습니다' '언제나 그는 옳다'입니다.

주변인 중에 숫자 '5'인 분에게는 중재나 이론적 조언을 구하면 됩니다. 하지만 자신은 실천하지 않을 수 있으니 실망하지 않아도 됩니다. 또한 어느 쪽을 선택하더라도 손해나 문제가 생길 경우 이

분에게 맡기면 가장 원만하고 멋진 해결책이 나올 수 있습니다. 다만 '헛똑똑이'라면 그냥 말만 듣고 잊어버리면 좋습니다.

지금까지 PHASE 0일 때 내용입니다. PHASE 변화 성향을 말씀드리겠습니다.

변화성향

표의 PHASE 1 부분을 보면 됩니다. 시간이 흐르면서 따지고 톱니가 맞아야 좋아하던 분이 자유롭고 톱니를 없애 버립니다. 뭉치고 모았던 사람 풀고 분해하는 사람으로 바뀝니다. 반대입니다. 'NOT'입니다. 숫자 '6', 창조가로 변합니다. 이론만 파고들던 사람이 예를 들면 그림을 그리고 음악을 하는 것처럼 무엇을 창조해 갑니다. 즉 이론과 실천이 하나가 된 재능은 탄탄하고 뿌리가 깊어 누구도 넘보지 못하는 선까지 성장할 수 있습니다. 구체적 설명은 '6' 내용과 중복되니 참조 바랍니다.

생각의 기준, 판단의 기준

나에게 맞는 중간과 그것의 원인은 무엇인지 생각합니다.

옳고 그름을 따지는 것을 즐겨 했으며 멋진 것 예쁜 것을 좋아하며 한쪽보다는 중간이 좋으며 책을 읽거나 공부하는 것이 매우 편하게 생각합니다.

그 이유는 원인과 결과가 명확하고 조화미, 균형미를 아름답다고 느끼는 것은 물론, 공식에 대입하여 답이 나오는 사실이 너무 좋기 때문입니다.

그래서 '중간'이라는 표현했습니다. 또한 '원인과 결과'라는 표현을 한 이유입니다.

주의해야 할 부분

1. 하지만 자신의 성향이 너무 회색주의인 것을 인정하여, 당장은 곤란한 상황이 오더라도 선택을 하기 바랍니다. 이론과 조화 위주만의 생각은 돈과 이익이 생길 수 있는 기회를 놓칠 수 있다는 것을 명심하면 됩니다.
2. 또한 약자에게는 약하고 강자에게 강하기에 선택적 유연성이 부족하기도 합니다.
3. 30~40대 결정의 시기가 왔을 때 자유로운 사상과 가지고 있었던 것을 풀어낸다면 다방면에서 재능을 발견하고 사람을 모으는 매력을 발휘할 수 있을 것입니다.

6.
숫자 '6'인 경우

～∞～

내 행동이 '6'과 같다거나 마음이 '6'과 같다면 각각 분리하여 아래 내용을 읽기 바랍니다.

숫자	PHASE	별명	도식	이미지	상징성	해석
6	0	창조자	● ⋯⋯ ● ⋯⋯ ●	물	물	초연결성
5	1	지식인	⬠	빛	물	조화성

기본 성향

가장 창의적이고 자유로우며 다양한 재능, 재주를 가진 성향입니다. 도표를 보면 저는 별명을 '창조자'로 지었습니다. 일할 때 관계를 중시하고 사람의 감정에 예민합니다. 그리고 어떤 분야에서도 적응을 잘하지만 조금 산만하고 꼼꼼하지는 못하기도 합니다. 어떤 형태로 자신을 바꿀 수 있고 어떤 것과도 자신을 연결시킬 수 있기에 이미지는 '물'과 같습니다. 물의 이미지는 감정과 자유로움, 혼란과 초연결성입니다. 물을 가진 사람은 언제나 필요한 사람이 됩니다. 언제나 관계를 소중히 여기기 때문에 어떤 일이든 잘합니다. 간혹 시키는 일을 잘해서 말 잘 듣는 사람이 되기도 합니다. 하지만 다재다능해서 쓸모가 많은 사람이라고 생각하면 됩니다. 잔재주가 많습니다. 기술이 필요한 분야에서는 기술에 능하고 예술이 필요한 분야에서는 감정이 풍부합니다.

공부도 꽤 잘하는 이유가 시험을 잘 치기 때문입니다. 정답을 잘 찾아내는 것도 능력입니다. 조직에 있다면 상사 지시를 잘 따르는 사람입니다. 그래서 업무가 많을 수 있습니다. 개인적으로 활동을 해도 인간관계에 능하여 주변에 사람이 많습니다. 이 관계 속에서 성장하고 성공을 이루는 성향입니다. 하지만 자신의 일상에 혼란스런 상태가 쉽게 생길 수 있습니다. 인간관계가 정리가 안 될 수 있고, 집안과 책상이 어지러울 수 있습니다. 감정이 넘치기에 정신적 데미지도 크게 다가올 수도 있습니다. 슬픈 영화에 울고 기쁜 일에 너무 즐거워합니다. 혼자서 외로움을 많이 느껴 무엇인가 중독될 경우도 많습니다.

국내 대기업 임원 670명을 TMA 분석에서 숫자 '6'을 가진 분의 비율은 평균 이상(평균 139, (숫자 '6' = 151))입니다. 이 의미는 여러 가지로 해석될 수 있지만 긍정적인 분석은 바로 인간관계에 능한 유형으로 보입니다.

도식을 살펴보면 점과 점의 연결로 표현했습니다. '연결'이라는 부분에서 '2'와 유사하지만 '2'의 연결이 한정적이라면 '6'의 연결은 훨씬 복잡하고 넓은 범위입니다. 일종의 두뇌 속 신경망의 연결과 유사합니다. 그래서 창의, 창조성이라는 최대의 강점을 가진 유형입니다. 그래서 아이디어가 넘쳐나며 잔머리가 좋다는 소리를 듣기도 합니다.

사람을 대할 때 항시 관계적 입장을 취하며 결정사항을 감정적으로 처리하려고 합니다. 인간관계가 좋기도 합니다. 하지만 인간관계 속에서 힘들어하기도 합니다. 쉽게 말해 거절을 못해서 오는 오해를 떠안고 살아갑니다. 흔히 'YES'를 남발하여 야근하는 스타일로 보면 됩니다. 부탁을 들어주는 것 자체를 좋아하여 단기적으로 견뎌내지만 장기간 지속될 때 쉽게 몸과 마음이 무너질 수 있습니다. 거절과 승낙의 경계에서 스트레스 관리가 필요한 유형입니다.

예술에 능합니다. 예술적 재능이 있기에 음악이든 미술이든 문학이든 하나씩 취미가 있곤 합니다. 기술에도 능합니다. 손재주가 있다고 보면 됩니다. 가장 큰 장점은 시험을 자신의 능력보다 잘 치는 경향이 있습니다. 흔히 출제자의 의도를 알아내어 공부하라는 말이 있습니다. 출제자의 의도를 가장 잘 아는 유형이자 답을 잘 찍는 유형입니다. 만일 성적이 좋지 않았다면 아마도 감정의 혼란을 조절하지 못한 경우입니다.

매우 환경에 약한 유형이기에 주변의 보호가 필요합니다. 즉 뚜껑이 열려 있는 음식물이 훼손이 잘 되듯 이 뚜껑 역할을 해줄 무엇이 있을 때 능력을 발휘합니다. 어린 시절에는 부모나 스승을 잘 만나야 하고 커서는 친구나 배우자가 누구보다 중요합니다. 쉽게 망가질 수 있는 생크림 케이크지만 잘 보관한다면 파티의 꽃일 될 수 있습니다. 흔히 '자유로운 영혼'이라는 말에 해당되는 분이 많습니다. 그래서 조금 독특할 수 있는 패션을 고수하기도 합니다. 즉 회사에서 있는 나름 '패셔니스타'인 분 중에 이런 성향이 많습니다.

'5'의 아름다움이 조화와 균형의 절제된 아름다움이라면 '6'의 아름다움은 해체와 자연스러운 아름다움이라고 생각하면 됩니다. 액세서리를 주렁주렁 달고 다닐 수 있고 자기 책상이 지저분할 수 있습니다. 아니면 자기 방이 지저분합니다. 보이는 모습과 보이지 않는 모습이 다릅니다. 보이지 않을 때 자연스러워집니다. 단 너무 자연스러워질 수 있습니다. 1960년대 미국을 중심으로 일어난 반체제 자연찬미 파인 히피를 떠올릴 수도 있습니다.

하지만 조직에서는 만능 재주꾼이자 뭐든 잘하는 사람이며 언제나 임무에 충실한 부하입니다. 그래서 일찍 능력을 인정받기도 하고 승진이 빠르기도 합니다. 리더일 때도 사람의 감정, 관계에 능하여 부하의 마음을 쉽게 얻기에 일찍 자리 잡기도 합니다. 문제는 너무 많은 요구를 모두 수용한다는 점입니다. 이 점 때문에 '번아웃'이 되기도 합니다. 사람 속에서 자신의 존재감을 느끼려 하기에 모임이나 파티도 많습니다. 아마 휴대폰의 저장된 전화번호도 많을 뿐 아니라 정리가 안 되어 있을 수 있습니다. 모든 것에 대해 'YES'가 될 수 있기에 맺고 끊는 것을 항시 염두 해야만 관계가 정리될 수 있습니다.

마무리가 흐지부지할 수 있습니다. 정리정돈이 안됩니다. 인생이 복잡해집니다. 결국 사람이 통해 성공을 하지만 사람을 통해 실패할 수도 있습니다. 감정의 풍부함은 '어떤 것'에 대한 의존으로 다가올 수 있습니다. 보호받고 싶어하기에 약물, 술, 종교, 혹은 특정 취미, 특정 사람에 의존합니다. 자기 의존 대상에 대해 쉽게 관계를 끊기 어렵기에 신중한 선택이 필요합니다. 하지만 한번 감정에 휩싸이면 헤어나오지 못해 상황을 악화시킬 수 있습니다. 이 분이 고집을 부리면 어이없는 선택을 하는 경우가 종종 있습니다. 감정에만 충실했다고 생각하면 됩니다. 이 분의 언어는 사람의 마음을 움직입니다. 글재주 또한 뛰어납니다. '5'가 '논쟁'에 뛰어나고 '2'가 '전달'에 강하다면 '6'은 '설득'에 강한 유형입니다.

자신의 주변인 중에 숫자 '6'인 분에게는 인간관계 조언을 구하면 됩니다. 하지만 너무 복잡하게 조언할 수 있으니 선택하여 들어야 됩니다. 또한 어느 분야에 특정 재주가 필요할 때 언제나 부탁하면 됩니다. 다만 '뒷수습'까지 바라는 것은 무리입니다.

지금까지 PHASE 0일 때 내용입니다. PHASE 변화 성향을 말씀드리겠습니다.

변화성향

표의 PHASE 1 부분을 보면 됩니다. 시간이 흐르면 자유로운 영혼은 합리적이고 이론적이게 됩니다. 이제 자신의 재주는 본능이기 보다는 학문적으로 바뀝니다. 반대입니다. 'NOT'입니다. 숫자 '5', 지성인으로 변합니다. 예를 들면 실기가 이론을 만나 지식이 단단해 집니다. '5'의 변화처럼 이론과 실천이 하나가 되어 운동만 했고, 연기만 했고, 노래만 불렀어도 교수가 될 수 있고, 누구를 지도할 수 있는 능력을 가지게 됩니다. 구체적 설명은 '5' 내용과 중복되니 참조 바랍니다.

생각의 기준, 판단의 기준

나는 어떤 관계를 유지하고 감정을 어떻게 풀어나갈 지 생각해야 합니다.

자주 정리정돈을 하지 않고 어디에 구속받기도 싫고 소속되기도 싫지만 친구, 지인과의 관계가 원활하고 문제가 없습니다.

그 이유는 나는 새로운 것을 만들고 아이디어가 많이 떠오르고 항시 머릿속이 어지럽고 복잡하지만 사람의 마음을 잘 느끼기 때문입니다.

그래서 '관계'라는 표현을 한 이유입니다. '감정'이라는 표현을 한 이유입니다.

주의해야 할 부분

1. 하지만 자신의 성향이 너무 관계지향일 수 있다는 것을 인정하여, 남보다 나 자신을 먼저 생각하길 바랍니다. 사람 관계에만 연연한다면 정신적 상처 또한 클 수 있다는 것을 명심하면 됩니다.
2. 또한 약자에게도 약하고 강자에게도 약하여 너무 감정에 흔들린다면 본인의 의지보다는 다른 사람 생각에 휘둘릴 수 있

습니다.

3. 30~40대 결정의 시기가 왔을 때 이제는 모으고 정리하며 간단하게 생각한다면 자신의 실력이 업그레이드 될 수 있습니다. 혼란을 잠재우기 위한 혼자만의 시간을 가지거나 정돈되고 단순한 생활을 하신다면 삶의 균형을 가져올 수 있습니다.

7.
숫자 '7'인 경우

∽

내 행동이 '7'과 같거나 마음이 '7'과 같다면 분리하여 아래 내용을 읽기 바랍니다.

숫자	PHASE	별명	도식	이미지	상징성	해석
7	0	선구자	▲	벼락	송곳	직진성
2	1	소통가	●—●—●	바람	시계추	동적 연결성

기본 성향

가장 추진력 있고 선두적이고 캐릭터가 강한 성향입니다. 도표를 보면 저는 별명을 '선구자'로 지었습니다. 일을 할 때 남보다 먼저 하길 원하고 다른 이의 시선보다 자신의 생각을 우선시하는 사람입니다. 그리고 어떤 분야에서도 돌발적이고 황당하기까지 한 생각을 적용하여 독특하고 개성 있는 업적을 남길 수 있습니다. 어떤 것이든 파괴하고 뚫어버릴 듯한 에너지를 지녔기에 '벼락'과 같습니다. 벼락의 이미지는 송곳과도 같으며 직진성을 가졌습니다. 벼락을 가진 사람은 언제나 도전을 두려워하지 않는 사람이 됩니다.

새로운 것을 추진하기에 도전에 대한 두려움이 남보다 적습니다. 그래서 간혹 무모해 보일 수 있으며 일반적인 사고범위를 넘어서는 황당한 사람이 되기도 합니다. 하지만 이분의 추진력은 불가능을 가능으로 바꾸고 공상을 현실화시킬 수 있기에 꼭 필요한 사람으로 생각됩니다. 어떤 분야에서도 이런 성향인 분은 먼저 매를 맞고 먼저 실패하고 먼저 성공합니다.

국내 대기업 임원 670명을 TMA 분석에서 숫자 '7'을 가진 분의 비율은 평균 이하(평균 139, (숫자 '7' = 122))입니다. 이 의미는 여러 가지로 해석될 수 있지만 긍정적인 분석은 바로 창업가 유형으로 보입니다.

도식을 살펴보면 뾰족한 삼각형으로 표현했습니다. '뾰족'이라는 부분에서 '4'와 유사하지만 '7'은 모든 것을 뚫어버리고 파괴해 버립니다. '파괴적 혁신'이라는 단어와 잘 어울리는 유형입니다. '고르디우스의 매듭' 이야기와 가장 잘 어울리는 유형입니다. 쉽고 단순하게 처리합니다. 잔가지가 없는 나무입니다. 벼락의 에너지처럼 그대로 돌진해버립니다. 따라가면 좋겠지만 못 따라가면 어쩔 수 없다고 생각합니다. 그리고 다른 사람의 말을 듣지 않기에 때로는 큰 실수를 범하기도 합니다.

사람을 대할 때 항시 독려와 제안을 통한 적극적 의사결정 취하며 변화와 개선에 능하지만 유지에는 약합니다. 그래서 새로운 관계를 쉽게 맺지만 오래된 관계를 맺기 쉽지 않습니다. 단기간은 소위 'Cool'하게 보이기도 하지만 장기적으로는 'Insane' 하다는 오해를 살 수 있습니다. 하지만 안정을 취하는 입장에서 오는 편견일 수 있으니 판단에 주의해야 합니다. 세상의 안정과 안전 그리고 유지만 신경 쓰는 사람만 있다며 인류의 발전에 도움이 되지 않습니다. 사실 이 유형이 인류의 도전정신을 보여주는 전형이라 할 수 있습니다. 호기심과 개척정신은 도전과 응전의 역사를 이루게 하였고 지금 우리가 누리는 많은 것을 이루었습니다.

하지만 부작용에 주의해야 합니다. 한 방향에 집중된 사고는 부수적 피해에 신경 쓰지 않을 수 있습니다. 인간 관계에서도 편향된 관계가 유지되어 힘들어합니다. 쉽게 말해 주고받고 보다는 주거나 받거나 둘 중 하나일 경우가 많습니다. 벼락은 자신을 불사르며 주변을 태우거나 부숴 버린다면 일찍 성공할 수 있는 유형이 되지만 조직적이고 안정된 체계에서는 부적응하는 경우가 많습니다. 어린 시절 학교, 사회에 반항을 가장 많이 하는 유형 중 하나입니다. 흔히 이런 성향이 심할 때는 아무런 소리도 들리지 않기에 아무도 조언이 불가능합니다. 소위 'untouchable'로 불리며 카리스마 있는 사람이기에 동경하는 주변인도 많고 잘 활용하면 인기인이 쉽게 될 수 있습니다.

하지만 어떤 일을 시작은 했지만 지속성이 떨어져서 쉽게 그만두는 경우가 많습니다. '스낵 컬처'를 지향하기에 쉽게 시작 할 수 있는 일을 한다면 능력을 발휘합니다. 다시 말에 빨리 결과를 보는 것, 그리고 아니면 다시 시작하는 것입니다. 이 모토는 요즘 유행하는 '린 스타트업' 정신과 유사합니다. 창업 초창기 멤버로 이런 분의 도움을 받으면 좋습니다. 무엇이든 '시작이 반이다'고 생각하기에 최근 창업과 성공의 키워드에 잘 어울립니다. 'DO IT'의 고수입니다.

자신의 주변인 중에 숫자 '7'인 분에게는 새로운 도전이나 시작할 때 조언을 구하시면 됩니다. 하지만 너무 쉽게 조언할 수 있으니 신중하게 들어야 됩니다. 또한 어떤 분야에서 간단한 해결책이 필요할 때 부탁하면 됩니다. 다만 '유지'까지 바라는 것은 무리입니다.

지금까지 PHASE 0일 때 내용입니다. PHASE 변화 성향을 말씀드리겠습니다.

변화성향

표의 PHASE 1 부분을 보면 됩니다. 시간이 흐르면서 자신의 의지대로, 멋대로 하던 사람이 귀를 열고 남과 소통하는 사람으로 바뀝니다. 반대입니다. 'NOT'입니다. 숫자 '2', 소통가로 변합니다. 이제는 주변 사람을 신경 쓰고 자신의 독주보다는 남을 배려하게 됩니다. 추진력에 소통력이 더해져 말이 통하는 리더이자 대화가 되는 사람이 되어 이상적인 리더의 모습으로 변해갑니다. 구체적 설명은 '2' 내용과 중복되니 참조 바랍니다.

생각의 기준, 판단의 기준

나에게 맞는 가장 신속하고 빠른 선택은 무엇인지 생각합니다.

누구 아래에서 지시받고 충고 받는 게 싫고 제멋대로 하는 것이 좋았으며 무엇인가에 한 번 꽂히면 초집중을 합니다. 그 이유는 나는 남과 다르게 과감하고 멀리 보는 관점을 가졌기 때문이고 항시 신속하고 재빠르고 아무런 무서움이 없기 때문입니다.

그래서 '꽂히면' 이라는 표현을 한 이유입니다. 그래서 '과감'이라는 표현을 한 이유입니다.

주의해야 할 부분

1. 하지만 자신의 성향이 너무 즉각적일 수 있다는 것을 인정하여, 당장의 판단 보다는 시간과 힘을 들여 체계적이고 안정적인 선택을 하기 바랍니다. 때로는 행동보다 정리된 말과 생각이 오랫동안 안정적인 상황을 만들 수 있다는 것을 명심하면 됩니다.
2. 또한 약자에게도 강하고 강자에게도 강하여 너무 공격적 입장만 생각한다면 내 편이나 동료가 없을 수 있습니다.
3. 30~40대 결정의 시기가 왔을 때 남의 이야기를 듣고 마음과 귀를 열어 둔다면 과감한 추진력에 노련미가 더해져 리더로서 또는 인간으로서 부드러운 카리스마적 매력을 발휘할 수 있을 것입니다.

8.
숫자 '8'인 경우

∞

내 행동이 '8'과 같다거나 마음이 '8'과 같다면 분리하여 아래 내용을 읽기 바랍니다.

숫자	PHASE	별명	도식	이미지	상징성	해석
8	0	봉사자		땅	양	수용성
9	1	열정가		하늘	사자	확장성

기본 성향

가장 여성적이고 순하고 착한 성향입니다. 도표를 보면 저는 별명을 '봉사자'로 지었습니다. 일을 할 때 남을 돕고 배려하고 다른 이의 시선을 많이 의식하기도 합니다. 남의 생각을 우선시하는 사람입니다. 어떤 분야에서도 양보하고 이익을 우선하지 않으며 도와주려는 성향이 발휘되기에 주변 사람의 성장과 발전에 도움을 줄 수 있습니다. 어떤 것이든 받아드리는 '땅'과 같습니다. 땅의 이미지는 동물 중 양과 같으며 수용성을 가졌습니다. 땅의 성향을 가졌기에 자신을 통해 타인을 이롭게 합니다. 비록 자신에게 이익이 없더라도 내주고 받아주는 모성성의 전형으로 볼 수 있습니다. 양과 같이 어린 마음과 순한 복종성, 해를 가하지 않는 착한 심성의 소유자입니다. 그래서 세상과 사람에게 쉽게 상처받는 부분이 많이 있어 특히 주의해야 합니다. 너무 순진하여 이용당하기도 하고 모든 일이 잘될 것이라는 긍정성 또한 남달라 간혹 이상주의가 되기도 합니다.

하지만 이들의 수용성은 남을 장점을 잘 흡수하여 쉽게 자신의 성장에 활용하는 능력이며 많은 이에게 이롭고 유익한 사람이 될 가능성이 높습니다. 특히 좋은 스승이나 부모가 있을 때 이 능력이 극대화되기도 합니다. 전통과 역사를 이어갈 수 있는 사람입니다. 이는 지속성과 끈기로 인해 오랫동안 한자리, 한 분야를 지키기도 하고 시간의 유한함도 이을 통해 무한해 질 수 있게 만듭니다. 사과와 양보의 미덕은 승패를 뛰어넘는 오랫동안 생존할 수 있는 이 분만의 방식이며 한쪽 뺨을 맞는다면 다른 쪽 뺨을 내주는 분이기도 합니다. 단기적 성과보다는 장기적 관점을 좋아하기에 간혹 무능력하다는 비판을 받기도 합니다. 하지만 길게 보면 결국 이 분이 승자일 경우가 많습니다. 결국 역사는 이 분 손에 쓰일 수 있습니다.

국내 대기업 임원 670명을 TMA 분석에서 숫자 '8'을 가진 분의 비율은 평균 이하(평균 139, (숫자 '8' = 131))입니다. 이 의미는 여러 가지로 해석될 수 있지만 긍정적인 분석은 바로 공무원 유형으로 보입니다.

도식을 살펴보면 평면 위에 올려진 도형으로 표현했습니다. 가시 덤불을 건너기 위해 자신의 몸을 내줄 수 있으며 다리를 건너기 위해 인간 다리가 될 수 있는 분입니다. 누군가 자신의 땅에 씨를 뿌려 작물을 수확하게 해줄 수 있는 분이기에 '공유, 공생의 아이콘'입니다. 이 분이 많은 조직은 언제나 시너지 효과를 발휘합니다. 내가 아는 것을 잘 이야기해줍니다. 땅은 거짓말을 하지 않습니다. 끈기를 가지고 일을 하고 저항을 참고 견디어 언젠가는 자신의 꿈을 이룹니다. '대기만성형'인 유형입니다. 남을 도와 나를 만드는 사람이기에 한 번 성공하며 오래갑니다. 쉽게 무너지지 않으며 주변에도 자신을 도와주는 사람으로 인해 위기를 극복할 수 있습니다.

사람을 대할 때 먼저 양보하며 반대 주장과 행동을 하지 않습니다. 그래서 최고의 제자나 후계자가 될 수 있습니다. 이 부분이 매우 아이러니한 부분입니다. 최고의 제자나 후계자를 흔히 스승보다 뛰어난 사람을 선택한다고 생각하지만 실상은 자신의 뜻과 행동을 가장 잘 받아들이고 이어갈 수 있는 사람을 선택하는 경우가 많습니다. 어린 시절부터 가장 자기와 똑같은 이에게 모든 유산을 물려주려는 부모의 마음과 같습니다. 이는 성공을 경험한 선대에 특히 그러합니다. 이미 성공한 세대에서는 유지와 안정을 택합니다. 이런 상황 때문에 '8'의 성향을 가진 분 중에는 유독 유산이나 부모의 장점을 잘 흡수한 분이 많습니다. 그래서 일종의 유리한 인생 출발선을 밟는 분도 많기에 전혀 경쟁과 상관없을 것처럼 보이는 분이 승자의 위치에 오른 경우가 많습니다. 이는 승부가 아니라 승부 자체를 하지 않는 방법입니다. 전쟁에서 가장 위대한 승리는 싸우지 않고 이기는 것이라는 말이 있습니다. 딱 이 말과 잘 어울리는 분입니다.

부드럽고 상냥하며 부모와 같은 포용에 능합니다. 하지만 유약하며 자기 주장이 없으며 불만 없는 사람이 되어 조직을 매너리즘에 빠지게 할 수도 있고 조직이 망하더라도 자신은 언제나 착한 사람이 되는 쪽을 선택하는 이중적 태도를 보이기도 합니다. 문제를 만들고 싶지 않은 마음은 때로는 문제를 회피하기도 합니다. 회피에 능한 성향이기에 탄력 있고 생동감 있는 관계를 맺기 쉽지 않습니다. '도망자'라는 오해를 살 수 있습니다. 하지만 언제나 양보하려는 생각에서 오는 편견일 수 있으니 주의할 부분입니다. 위기의 시대보다는 태평성대 시대, 황금시대에 매우 필요한 인물입니다. 위기의 순간에 함께 죽기를 택하기도 합니다.

성공할 때 곁에서 더 큰 성과를 이루도록 도와줄 수 있는 분입니다. 좋은 세상에 태어나 좋은 삶을 살다 가는 편한 길을 택하기도 합니다. 더럽고 추하고 지저분한 일은 다른 이들에게 맡기고 밝고 선하며 착해 보이는 일만 선택했을 수도 있습니다. 양의 탈을 쓴 사람이 때론 가장 무서울 수 있습니다. 반전의 인물은 언제나 선량하고 착한 사람 속에서 나옵니다. 하지만 이런 부작용이 있더라도 이분이 있는 곳에는 많은 분이 행복해합니다. 무한 사랑과 애정을 나눠주기에 주변에 적이 없습니다.

내 것을 놓칠 수 있어 리더의 자리에 있다면 조직이 힘들어지기도 합니다. 하지만 결국 이들로 인해 쉽게 완성되는 경우가 많습니다. 상부상조의 정신은 서로 돕게 하는 시너지를 발휘합니다. 이 분이 손을 내밀고 또한 이들에게 손을 내미는 분으로 인해 결과를 완성해 나갑니다. 가장 드라마틱한 반전의 소유자가 될 수 있습니다. 돈을 바라지 않지만 돈이 들어오는 오묘한 원리가 적용되는 유형이기도 합니다. 그래서 '우연성'이 일어나는 일들에 가장 혜택을 많이 보는 분이기도 합니다.

자신의 주변인 중에 숫자 '8'인 분에게는 한번 의지해 보면 됩니다. 하지만 너무 시간이 오래 걸릴 수도 있으니 신속히 빠져 나와야 합니다. 또한 어느 분야에서 장기적 해결책이 필요할 때 부탁하면 됩니다. 다만 '이익'까지 바라는 것은 무리입니다.

지금까지 PHASE 0일 때 내용입니다. PHASE 변화 성향을 말씀드리겠습니다.

변화성향

표의 PHASE 1 부분을 보면 됩니다. 양보하고 베푸는 땅의 미덕은 가장 극한 변화를 겪습니다. 양이 사자가 되는 시기입니다. 양은 더 이상 순하지 않습니다. '9' 열정과 자신감으로 무장한 포용력은 지금까지 시간에 대해 보상을 받습니다. 이제는 자신을 위하여 달립니다. 반대입니다. 'NOT'입니다. 숫자 '9', 열정가로 변합니다. 간혹 주변에서 적응하지 못하는 경우도 많고 스스로 혼란스러울 수 있습니다. 양이 사자가 되었지만 사자의 탈을 쓴 양이 된다면 오히려 힘들 수 있습니다. 그것을 이겨낼 때 성공은 따라옵니다. 구체적 설명은 '9' 내용과 중복되니 참조 바랍니다.

생각의 기준, 판단의 기준

나는 무엇을 받아들이고 어떤 선의를 보여줄지 생각합니다.

착한 사람이고 말 잘 듣고 잘 도와주며 늘 배려와 인내를 달고 사는 모범적인 사람이며 특히 누구든 나에게 조언해주면 수긍하고 잘 받아들입니다. 그 이유는 모든 것, 모든 사람이 옳고 선하고 착하고 바른 것으로 여겼으며 요구와 요청과 지시를 거절할 수 없었기 때문입니다.

그래서 '수긍'이라는 표현을 한 이유입니다. 그래서 '착한 사람'이라는 표현을 한 이유입니다.

주의해야 할 부분

1. 하지만 자신의 성향이 너무 수동적일 수 있다는 것을 인정하여, 변화와 자신의 선택을 믿길 바랍니다. 때로는 착한 사람보다는 나쁘더라도 성과를 내는 사람이 인정받는 일이 많다는 것을 명심하면 됩니다.
2. 또한 약자에게도 약하고 강자에게도 약하여 너무 배려와 양보만 생각한다면 내 편을 만들거나 리더가 되기 힘들 수 있습니다.

3. 30~40대 결정의 시기가 왔을 때 열정과 자신감을 가지고 과감하게 덤벼들 때 그동안 해온 양보와 선행에 대한 보상을 받을 수 있습니다. 이제는 자신의 땅에 농작물을 수확할 때입니다. 일이든 사람이든 그 어떤 것이라도.

9.
숫자 '9'인 경우

내 행동이 '9'와 같거나 마음이 '9'와 같다면, 분리하여 아래 내용을 읽기 바랍니다.

숫자	PHASE	별명	도식	이미지	상징성	해석
9	0	열정가		하늘	사자	확장성
8	1	봉사자		땅	양	수용성

기본 성향

가장 열정적이고 에너지와 자신감이 넘치는 성향입니다. 도표를 보면 저는 별명을 '열정가'로 지었습니다. 일을 할 때도 남보다 더 많이 하고 없던 일도 만들어 냅니다.결국 혼자서 일을 할 능력이 되기에 다른 이의 도움도 바라지 않습니다. 끝없는 확장성을 가진 성향이기에 주변에서 감당하기 어려울 수 있습니다. 자신의 존재감을 가장 먼저 생각하여 행동하고 항시 주목과 관심의 대상이길 원합니다. 하지만 때로는 혼자만의 세계를 만들기도 합니다. 즉 밖으로, 안으로 '자신의 세상'이라는 것이 중요한 요소입니다. 생각의 스케일도 크고 행동 범위도 넓습니다. 그래서 어떤 일이든 할 수 있는 '하늘'과 같은 이미지입니다. 여기서 하늘은 종교적 하늘은 아닙니다. 동물 중 사자와 같이 용맹하고 자신감 있습니다. 항시 최고의 자리를 원하며 남보다 앞서고 높은 자리를 원합니다. 누구를 이롭게 하기 보다는 전체를 이롭게 합니다. 주변에 에너지를 나눠주며 조직을 성장시킬 수 있는 분입니다.

사자와 같은 마음은 때로는 남에게 해를 가할 수도 있으나 밝고 건강한 쪽으로 사용할 경우가 많습니다. 하지만 너무 '오버'하는 사람으로 보일 수 있고 너무 '나대는' 사람으로 평가되기도 합니다. 주변이 피곤해집니다. 무한한 확장성은 범위가 한정되는 것을 싫어합니다. 계속 일을 벌이고 펼쳐 나갈 때 뒷수습해 줄 누군가 필요합니다. 혼자 하더라도 비서와 같은 주변인이 있어야만 자기 일을 잘해낼 유형입니다. 욕심이 과할 수도 있기에 자만심에 일을 그르치기도 합니다. 때로는 적을 만들고 적에게 무자비해지기도 합니다. 하지만 욕망 자체에 순수할 뿐 비겁한 행동이나 속 좁은 사람이 되지는 않습니다.

관심과 주변의 애정으로 사는 사람입니다. 그래서 세상에 보여주고 공개되는 자리에 있을 때 능력을 발휘합니다. 그래서 연예계, 스포츠계, 공개되고 나설 수 있는 대표직, 소위 '얼굴마담'이 되는 것을 개의치 않습니다. 하지만 보이는 모습에만 너무 치중하면 사소한 실수가 크게 비치는 것에 특히 주의해야 합니다. 너무 자신만의 세계에 빠져 간혹 몽상가 또는 환상 속에서 살기도 합니다. 하지만 이 분의 확장성은 전체를 이롭게 하고 성장하는 데 많은 도움을 줍니다. 이 분 곁에는 수많은 일자리가 생겨납니다. 그래서 많은 이에게 도움이 될 사람입니다. 특히 자신을 에너지를 마음껏 쓸 수 있는 직업이나 환경을 가진다면 능력이 극대화되기도 합니다. 한 분야에 전설이 될 수 있는 사람입니다.

국내 대기업 임원 670명을 TMA 분석에서 숫자 '9'를 가진 분의 비율은 평균 이하(평균 139, (숫자 '9' = 131))입니다. 이 의미는 여러 가지로 해석될 수 있지만 긍정적인 분석은 바로 사업가유형으로 보입니다.

도식을 살펴보면 여러 개 점 연결로 표현했습니다. 하나가 두 개, 네 개로 확장되고 다시 더 확장되어 가는 사람이기에 '어떻게 성장하는가?'에 따라 다양한 길을 가게 됩니다. 만일 억압된 환경이라면 성장 한계가 올 수 있습니다. 특히 이런 문화에서 거만한 사람으로 보여지는 경우가 많으며 혹은 겸손하지 못하다는 평가로 손해를 입는 경우가 있습니다. 또는 이 분만의 확고한 세계관이 존중받기보다는 따돌림을 당할 수 있습니다. 그래서 늘 자신의 위치와 자리를 잘 파악하여 완급을 조절해야만 합니다. 이런 분에게는 소위 '날개를 달아줄' 무엇이 필요합니다. 하늘로 날아갈 수 있는 날개를 준다면 무엇이든 해낼 분입니다. 문제는 이런 오해로 인해 날개가 꺾인 분이 많습니다. TV 속 어린이 프로그램에서조차 '잘난' 사람이 악당으로 묘사되는 현실입니다. 이런 편견이 다양한 성향의 사람에 대한 오해를 만듭니다. 스스로가 감당이 안 돼 조용히 세상과 담쌓은 분이 많습니다.

조금은 극단을 오고 가는 성향이기에 관리를 잘해 줄 현명한 사람이 절실히 필요합니다. 이런 아이가 흔히 문제아가 될 때 아마 누군가, 무엇에 대해 억압되었는지 살펴봐야 합니다. 획일적인 모습만 제시하는 교육의 최대 피해자가 될 수 있는 분입니다. 어떤 성향보다 스케일이 큽니다. 그래서 누구의 이해를 받지 못할 수도 있습니다. 하지만 하늘은 하늘입니다. 드러나게 되어 있습니다. 어디서든 결국 보일 수밖에 없는 유형입니다. 쉽게 성공하며 쉽게 무너질 수 있습니다. 달리다가 설 때 위기를 극복할 수 있습니다.

자신의 주변인 중에 숫자 '9'인 분에게는 에너지를 받으면 됩니다. 하지만 너무 과할 수 있으니 조금만 받아야 됩니다. 또한 어느 분야에서도 총체적 난국을 헤쳐 나가야 할 때 부탁하면 됩니다. 다만 '비서' 역할을 해야 합니다. 아니면 내버려 둬야 합니다.

지금까지 PHASE 0일 때 내용입니다. PHASE 변화 성향을 말씀드리겠습니다.

변화성향

표의 PHASE 1 부분을 보면 됩니다. '8'과 반대로 변합니다. 사자가 양이 됩니다. 사자는 이제는 양보하고 베푸는 땅의 미덕을 가지게 됩니다. 리더가 부드러워 지고 잘난 척을 부끄럽게 여기고 대범함은 조금 소심해집니다. 사자는 더 이상 용맹하지 않습니다. 숫자

'8', 봉사자로 변합니다. 간혹 아직도 사자라고 생각하는 주변 사람의 강요와 기대에 적응하지 못할 수 있습니다. 변화를 받아드려야 합니다. 그동안 많이 설쳤으니 이제는 조용히 있어야 합니다. 그것을 인정할 때 성공은 따라옵니다. 구체적 설명은 '8' 내용과 중복되니 참조 바랍니다.

생각의 기준, 판단의 기준

내가 감당되거나 내가 나설 수 있는지 생각합니다.

항시 내가 맞다고 주장하며 관심 받기를 원하고 너무 설쳐 때로는 주변 사람을 감당할 수 없게 만들기도 하며 관심분야만 보고 아니면 철저히 무시합니다. 그 이유는 나는 아무리 생각해도 내가 맞고 모든 것에 자신감 있었으며 다 할 수 있을 것 같은 내가 가장 잘난 듯한 생각이 들기 때문입니다.

그래서 '잘난'이라는 표현을 한 이유입니다. 그래서 '자신감'이라는 표현을 한 이유입니다.

주의해야 할 부분

1. 하지만 자신의 성향이 너무 자만심에 빠질 수 있다고 인정해서 멈추는 법을 배우길 바랍니다. 때로는 겸손이 자신감보다

더 큰 힘으로 보일 수 있으니 알아도 모르는 척하는 것이 이기는 비결임을 명심하면 됩니다.

2. 또한 약자에게도 강하고 강자에게도 강하여 모두를 이기려고만 생각한다면 결국 혼자가 될 수도 있습니다.

3. 30~40대 결정의 시기가 왔을 때 양보와 겸손함을 가지고 그동안 해온 일을 정리하고 조용히 지내더라도 언제나 하늘처럼 높고 무한한 가능성이 있습니다. 기회는 늘 주변에 있습니다. 사자라도 사냥을 하기 위해서 풀숲에 몸을 숨겨야 한다는 것을 명심하길 바랍니다.

10.
균형과 불균형에 대해

자신만의 숫자에 대해 알아봤습니다. 그런데 처음 숫자만으로 설명되지 않는 부분이 있습니다. 그래서 PHASE SHIFT 원리, 즉 'NOT'에 대해 설명을 드렸습니다. 자신의 생일을 더한 숫자와 'NOT' 숫자를 기억하셨다면 이제는 활용하여 자신의 운을 설계하는 기술을 익힐 수 있습니다. 이는 스스로 문제를 풀어가는 힘이며 이 책의 목표이기도 합니다.

또 하나 균형(Balance)에 대한 개념을 알아야 합니다. 균형 상태는 성향의 균형, 조화가 잘 된 것으로 생각하면 됩니다. 매우 자연스러운 자신을 발견할 수 있습니다. 그럴 때가 균형이 잘 잡힌 경우입니다. 운동선수로 비유하면 컨디션 조절로 볼 수 있습니다.

불균형(Unbalance)은 컨디션이 안 좋은 느낌입니다. 뭔가 늘 불편하고, 혼란스럽고, 불만입니다. 늘 그렇다는 것은 긴 시간 10년, 20년입니다. 그만큼 균형(Balance) 잡는 지혜가 중요합니다. 중요한 부분이 우선 환경적인 부분입니다. 자신의 성향이 아무리 균형 상태가 되어도 환경적인 부분이 뒷받침해주지 못하면 힘듭니다. 하지만 자신의 성향을 균형있게 바꿀 수 있기에 고칠 수 있는 부분이기도 합니다. 그게 힘이 됩니다. 고친다면 성과가 납니다.

처음 이 책 처음에서 저는 '8'과 '2'의 조합이라 했습니다. 결과적으로는 균형이 잡힌 성향입니다. 하지만 앞에서 이야기했듯 괴로움이 생겼습니다. 성향에 대한 이해가 부족했기에 제대로 활용 못한 경우입니다. 즉 한쪽 성향이 극단적일 때 불균형 상태로 변합니다. 예를 들면 '8' 성향이 너무 '8'같습니다. 아무리 좋은 성향도 극단적으로 가는 것을 주의해야 합니다. 극으로 가면 변합니다. 마치 마음의 '2'가 행동의 '3' '4'와 조합될 때처럼 변해버립니다. 갑갑하고 억압된 느낌입니다. 즉 자신의 좋은 성향을 발휘하지 못하는 상황이 일어납니다.

마음의 숫자는 '1'이고 '1' 중에 '2' 성향에 가깝다고 생각하신다면 균형 상태는 5, 6, 7, 8입니다. 나머지는 불균형입니다. '4' 성향에 가까우면 균형이 잡힌 상태는 2, 3, 8입니다. 나머지는 불균형 상태입니다. 벌써 걱정합니다. 하지만 자신에 대해 안다면 이겨낼 수 있습니다. 여러 가지 교훈을 얻을 수 있다는 뜻입니다.

다시 마음의 숫자 '1'의 예를 들어 보겠습니다. 자신의 숫자를 조합해봅니다. 만일 '1' 중에서 '2'에 가깝습니다. 그리고 행동의 숫자 '4'라고 가정해봅니다. 앞에서 숫자 배치에 대해서 말씀드렸습니다. 즉 '4'가 행동이 되고 숫자 '2'가 마음이 되어 전체 성향, 성격이 조합됩니다. 다음의 표를 보면 불균형 상태입니다. 해석을 이런 식으로 하면 됩니다.

숫자 표를 봅니다. '4'는 지배자입니다. 산과 벽이고 고정성입니다. 이런 행동을 합니다. '2'는 소통가와 바람이고 시계추이자 동적 연결성입니다. 이런 상황입니다. 마음은 움직이는데 몸이 따르지 않

는 조합입니다. 이럴 때를 스스로 생각해보면 수많은 상황이 그려
질 겁니다. 어떡하면 이런 위기를 벗어날 지혜가 생길까요?

성향 조화 배치표

행동 (분자)	마음 (분모) B: Balance U: Unbalance	1 (2, 4) 중 선택	2	3	4	5	6	7	8	9
1 (2, 4)중 선택										
2			U	B	B	B	U	B	U	U
3			U	U	B	U	U	B	B	B
4			U	B	U	B	U	B	U	B
5			B	B	U	U	U	U	B	B
6			B	B	U	B	U	B	B	B
7			B	U	U	B	B	U	B	B
8			B	B	B	U	B	B	U	B
9			U	B	U	B	B	B	U	U

숫자를 바꾸면 됩니다. 행동을 따르든 마음을 따르듯 결정하여
Balance 되게 바꾸면 됩니다. 물론 이 부분에서 디테일한 요소까

지 거론하기에 이번 책으로는 무리입니다. 쉽게 생각하면 Balance 조합되는 숫자를 맞추려 하면 됩니다. 그걸 자신의 운 설계의 목표로 삼고 실천을 도전해보는 것. 이런 지혜를 가질 수 있는 것. 이 책의 궁극적인 목표입니다.

조화 배치표를 보길 바랍니다. 그리고 고민할 부분을 찾아봅니다. 자신이 바꿔야 할 부분과 변화할 부분이 보일 것입니다. 자신의 기준에서 어떤 마음과 어떤 행동을 하는 것이 좋을지 보입니다. 이것이 진정한 자기계발의 길을 가는 방법입니다.

가로 세로를 보고 자신의 조합이 B인지 U인지 보길 바랍니다. 그리고 B라도 U쪽인지 U라도 B쪽인지 생각해보면 현재 문제를 풀 수 있습니다. 언제나 U를 B쪽으로 변화하려는 삶의 자세를 가진 사람이 운 설계자입니다.

11.
현재의 나? 미래의 나?

TMA 성향 분석 단계와 종류

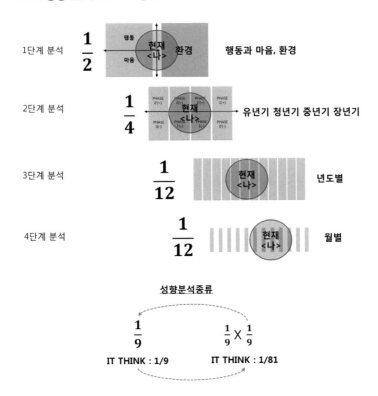

각 단계별 '현재의 나'를 중심으로 성향 분석하고 운 설계를 생각합니다.

1단계의 '나'는 내가 태어나고 자란 환경적 요소에 나의 타고난 성향이 조합된 '나'가 됩니다. '나'라는 존재를 행동과 마음, 그리고 환경으로 단순화시켜 생각하는 방법입니다. 타고난 성향은 이미 숫자 발견을 통해 알 수 있습니다. 이 단계에서의 '나'와 현시점에서의 '나'는 다릅니다. 지금 이 글을 읽고 의아해하는 모든 분은 1단계의 '나'의 대한 발견을 지금까지 못 한 것입니다. 그리고 환경은 스스로 가장 잘 아는 부분입니다. 개인적인 이야기를 듣지 못한 저는 알 수 없습니다.

타고난 성향의 조합을 저는 9가지로 구분했습니다. 이를 다시 분자와 분모로 구분하여 81가지의 성향으로 분류했습니다. 즉 제 기준에서는 81가지 사람이 있습니다. 하지만 간과하면 안 되는 부분이 환경적 요소입니다. 같은 성향이라도 이 부분에서 다른 사람이 됩니다.

2단계는 좀 더 세밀하게 현재의 '나'에 가까워지려는 분석입니다. 즉 유년기, 청년기, 중년기, 장년기로 구분하여 현재의 나를 알 수 있습니다. 이 책에서 PHASE SHIFT 를 즉 NOT을 거론한 부분이 이런 이유 때문입니다. 각 시기별 '나'에 대한 이해가 1단계에 이어서 더해져야 합니다. 즉 1단계를 전체적인 뼈대로 보고 2단계를 몸통으로 생각하면 됩니다. 이 시기는 앞에서 설명해 드렸듯 10~20년 주기로 변합니다. 2단계까지의 '나', 즉 큰 변화를 겪은 자신을 생각해보고 현재의 '나'를 유추해 보길 바랍니다.

3단계 분석은 현재의 '나'와 유사하게 접근할 수 있습니다. '나'라는 존재는 인생의 시기별로도 변하지만 연도별로 변합니다. 그래서 매년 '나'는 달라집니다. 운동선수가 매년 우수한 성적을 유지하는 것이 힘든 이유기도 합니다. 내가 잘될 때와 잘 안 되는 시기가 보이며 잘 생각해보면 내가 변하는 모습까지 알 수 있습니다. 현재의 '나'와 유사합니다. 제가 9가지 기초 성향 유형에 대해 설명한 부분에서 자신과 맞지 않다고 느끼시는 부분이 바로 매년 변하는 '나'를 모르기 때문입니다. 9가지 성향 유형은 1단계와 2단계의 '나'에 대한 설명입니다. 즉 1, 2단계에서 '나'에 대한 설명을 3단계에서는 아닐 수 있다는 뜻입니다. 저는 3단계의 '나'를 가장 중점적으로 봅니다. 2단계가 몸통이라면 3단계는 팔다리가 될 수 있습니다. 현재 진행형입니다. 실제 겪고 있는 일입니다.

4단계의 분석까지 '나'를 발견한다면 이번 달 '나'의 변화까지 고려한 분석입니다. 매년 '나'는 매월 변합니다. 이런 논리는 매일, 매시간까지도 확대할 수 있습니다. 살아있는 '나'에 가장 근접합니다. 우리는 알게 모르게 느낍니다. 하루에 자기감정 변화를 느끼고 어제와 다른 자신과 마주합니다. 하지만 일별 시간별 분석은 월별 분석 수준인 4단계에서 충분히 해석이 가능합니다. 이번 달과 지난달이 달라집니다. 4단계 분석을 통해 적당한 '때'를 찾아냅니다.

즉 2, 3단계를 통해서는 인생의 골든 에이지(전성기)를 찾아냅니다. 2단계에서 일찍 성공할지 늦게 성공할지 정도를 찾아내고 3단계를 통해 적절한 연도를 발견합니다. 4단계를 통해서는 작은 목표에 대한 시점을 찾아냅니다. 예를 들면 월별 나의 변화를 대처하는 방법을 알 수 있습니다. 4단계까지 오면 1, 2, 3단계의 자신과 다를 수도 있습니다. 가장 많이 접하는 스스로 모습은 1, 2단계의 모습입니다. 익숙한 자신입니다. 하지만 매년 바뀔 때 1, 2단계에서 보이지 않던 모습이 나타납니다. 이는 4단계에 또 한 번 나타납니다.

몇 년 전에 보여준 모습을 기억하기란 쉽지 않습니다. 단지 익숙해졌다면 1, 2단계의 모습과 유사할 때입니다. 그때가 바로 '자기 본성대로 한다'고 저는 표현합니다. 그래서 가장 자연스럽고 성과 내는 능력을 발휘하기도 합니다. 3단계의 분석은 20여 년 동안 12가지 성향이 반복됩니다. 이 성향이 중복된다면 기억하기 쉽지만 9년의 시간을 두고(9년 GAP TEST) 일어난다면 기억하기 쉽지 않습니다. 20년 중에 같은 성향일 때가 1, 2번입니다. 그래서 낯설기도 합니다. 이 논리 그대로 매월 적용됩니다. 하지만 매월 적용은 큰 이점이 있습니다. 작년을 떠올릴 수 있습니다. 1, 2년 전 특정 월에 대한 기억은 가능합니다. 기억하려고 노력하면 떠올릴 수 있습니다.

사실 사람마다 좋아하는 계절이 다르고 뭔가 잘 풀리는 시기가 다른 이유이기도 합니다. 흔히 '나는 겨울에 뭔가 일이 잘된다. 나는 여름에 좋다'는 말도 이런 원리에서 나온 말입니다(물론 매년 특정 월이 똑같지 않습니다. 이 역시 변합니다. 이 부분은 컨설팅이 필요합니다). 혹은 더 넓게 생각해서 년도 별, 나이별까지 고려할 수 있습니다. 자신이 어떤 나이에 시기에 잘 되고 좋았는지 떠올려 기록해 봅니다. 이미 이런 생각을 하는 자체부터 스스로에 대한 탐구가 시작된 것입니다.

책 첫 페이지에 이야기했던 실천 방법 TIP입니다. 최소 9년 동안 월별 기억할 만한 일을 떠올려 보고 기록해 보길 바랍니다. 그러면 12달과 9년을 곱하면 108개의 목록이 만들어집니다. 그 목록을 순환성, 유사성을 찾아보고 자신만의 차트를 만들어 봅니다. 그러면 앞으로 일어날 일 또한 간단하게 유추할 수 있습니다(물론 간단한 TIP 정도로 이해 하기 바랍니다. 실제는 정교한 단계별 분석이 필요합니다). 저도 처음 이 9년 주기 표를 만들 때 며칠이 걸렸습니다.

	1월	2월	3월	4월	5월	6월	7월	8월	9월	10월	11월	12월
(-9)년도												
(-8)년도												
(-7)년도												
(-6)년도												
(-5)년도												
(-4)년도												
(-3)년도												
(-2)년도												
(-1)년도												
현재년도												
(+1)년도												
(+2)년도												

중요한 TIP입니다. 현재 연도와 (-9)년도와의 유사성을 고민해보고, (+1)년, (+2)년까지 예측해 보길 바랍니다. 만일 예측이 된다면 그걸 이루기 위해 현재 어떤 운 설계가 필요할지 고민하길 바랍니다. 이런 방식은 자신을 아는 강력한 TOOL이 될 수 있습니다.

4.

_ 운 설계자 _

골든
에이지를
위하여

1.
태어나려는 자는
하나의 세계를 깨뜨려야 한다

첫날, 관행 깨는 몸살을 앓았다. 2만원 대 메뉴에도 예약 실종. 화환·부조금 10만 원 초과 체크 학교 운동부 해체설 노심초사

— 2016-09-29 서울신문

관행 깨는 몸살? 당연했던 일을 하지 않았으니 제자리로 오기가 이렇게 힘이 든다고 합니다. 관행이란 것이 뭘까요? 오랜 습관? 관습 이런 의미입니다. 일종의 소설 '데미안'에서 이야기하는 알과 같습니다.

알. 새는 알에서 나오려고 투쟁한다. 알은 하나의 세계이다. 태어나려는 자는 하나의 세계를 깨뜨려야 한다. 새는 신에게로 날아간다. 신의 이름은 아프락사스.

—데미안

제 논리로는 숫자 3은 연못이자, 그릇은 알입니다. 안과 밖의 차이. 나와 너의 차이. 구분과 구별. 내면과 외면. 알을 깨야만 합니

다. 변하려면 알을 깨고 나와야 합니다. 그래서 몸살을 앓고 힘이 듭니다. 이제 운 설계에 대해 이야기하겠습니다.

운을 깨는 것도 이와 같습니다. 숫자 중에 갇힌 숫자가 무엇인가요? (숫자표 참조) 바로 3번과 4번입니다. 그럼 다시 묻겠습니다. 뚫리는 숫자가 무엇인가요? 7번, 9번, 2번입니다. 즉 관행, 알을 깨려면 7번의 송곳, 9번의 사자의 열정, 2번 바람의 소통이 필요합니다.

2.
우리도 언젠가는 이것보단 나을 수가 있겠지?

오늘 밤, 심장의 BPM이 날뛴다! 최고의 DJ를 꿈꾸며 자신만의 방식대로 클럽 공연을 하고 있는 '콜'은 어느 날, 잘나가는 DJ '제임스'와 그의 여자친구 '소피'를 만나게 된다. '콜'의 재능을 눈여겨본 '제임스'의 아낌없는 지원 덕분에 그의 인생은 180도 화끈한 반전을 맞이하게 되지만, 함께하는 시간이 길어질수록 '소피'에게 향하는 자신의 마음을 감출 수 없어 괴로워한다. 설상가상 절친과도 점차 멀어지게 되면서 '콜'은 선택의 기로에 놓이게 되는데⋯. 미친 듯이 즐겨라! 세상을 뜨겁게 달굴 우리의 이야기가 시작된다!

—영화 We Are Your Friends (2015) 소개 중에서

이 영화에 대해 이야기 하겠습니다. 한번 보길 바랍니다. 이 영화를 영화적, DJ 문화적으로 보는 것이 아니라 운에 관한 관점으로 봅니다. 운 설계자에서 가장 중요한 시작점이 바로 이 대사입니다.

Are we ever gonna be better than this?
우리도 더 멋지게 살 수 있지?(우리도 언젠가는 이것보단 나을 수가

있겠지?)

이런 생각이 있어야만 자신을 변화시킬 수 있습니다. 알을 깨고 나올 수 있습니다. 관행, 관습에서 헤쳐 나올 수 있습니다. 단순히 그런 생각을 하는 것이 아니라 주인공처럼 정말 한을 가지듯, 눈물을 흘리듯, 진심이 담겨 있어야 합니다. 절실함이 있어야 합니다. 그저 그렇게 살아가는 청춘이었지만 주인공의 운, 운명을 바꾸는 계기가 되는 일이 바로 영화 속 마지막 장면의 디제잉 부분입니다. 주인공의 친구가 죽고 죽은 친구와 대화가 생각납니다.

'우리가 더 잘할 수 있는 게 있지 않을까?'

이 대사가 바로 자신에 대한 진지한 성찰을 하는 부분입니다. 이 생각이 모든 것의 시작입니다. 자신을 바꾸고 운을 설계할 수 있는 알에서 나오게 하는 처음의 생각이 됩니다.

'더 값진 일 말이야.'

친구가 이야기합니다. 그냥 사는 대로 살면 됩니다. 하지만 절대 자신의 운과 운명에서 벗어날 수 없습니다. 틀과 관행, 속박하는 환경, 알의 세계에 갇힙니다. '우리도 더 멋지게 살 수 있잖아!' '우리도 더 멋지게 살 수 있잖아!' 자꾸 반복해야 합니다. 그렇게 생각을 바꾸는 것입니다. 그리고 이 영화의 하이라이트이자 제가 이야기하는 주인공의 핵심 문장입니다.

'우리도 더 멋지게 살 수 있지? 사실 멋지게 보다는 '우리도 언젠가는 이것보단 나을 수가 있지? 더 나을 수 있지? '

'better than this.'

이 말이 모든 자기계발적 향상심에 기본 마음가짐입니다. 제가 '운' '운 설계자'로 하는 모든 시작은 이 마음에서 시작됩니다. 이런 마음이 있는 분은 아마 이야기에 공감할 겁니다.

'better than this.' 저는 이 부분을 보고 정말 많이 울었습니다. 영상을 한번 보길 바랍니다. 그리고 자신의 'better than this', 끌어내어 알의 세계에서 벗어나 봅니다. 반대로 이런 마음이 없다면 아직 운명을 바꿀 힘은 부족하다고 생각하면 됩니다.

3.
Something you call unique

미국에선 ZERO, 남아공에선 HERO? 팝 역사상 가장 신비로운 가수, '슈가맨'의 놀라운 이야기! 본고장 미국에서 음반 판매 6장, 아무도 알 아주지 않는 비운의 가수! 반대편 남아공에서는 밀리언셀러 히트 가수, '엘비스'보다 유명한 슈퍼스타! 70년대 초, 우연히 남아공으로 흘러들어 온 '슈가맨'의 앨범은 지난 수십 년간 가장 큰 사랑을 받으며 최고의 히트를 기록한다. 하지만 '슈가맨'은 단 두 장의 앨범만 남기고 사라져버린 신비의 가수! 전설의 '슈가맨'을 둘러싸고 갖가지 소문만 무성한 가운데, 두 명의 열성 팬이 진실을 밝히고자 그의 흔적을 찾기 시작한다. 그러나 단서라고는 오직 그의 노래 가사뿐! 기발한 추적 끝에 '슈가맨'에 대한 수수께끼를 풀었다고 생각한 순간, 그들은 상상하지도 못했던 놀라운 사실과 마주하게 되는데.

—영화 SEARCHING FOR SUGAR MAN (2011) 소개 중에서

일전에 종영한 TV 프로그램 '슈가맨'은 이 영화가 컨셉입니다. 저는 작년에 블루레이 출시했을 때 봤습니다. 이 영화는 골든 에이지 (전성기)와 자신의 성향에 대해 절실히 이야기하고 있습니다. 운 설계

의 기본은 가장 자연스러운 자신이 되는 것입니다. 자기 자신이 된다는 것이 어떤 것인지 한번 보겠습니다.

로드리게즈의 음악 중 'Crucify your mind'라는 가사가 좋은 노래가 있습니다. 그중에 'Something you call unique'라는 부분이 있습니다. 'Call unique'라는 대목에 주목해야 합니다. 로드리게즈는 가수를 꿈꿨습니다. 하지만 미국에서 앨범이 실패합니다. 그런데 남아공에서는 대스타가 됩니다. 이 사실을 모른 채 수십년이 흘러 늙은 로드리게즈가 드디어 남아공에서 공연을 합니다. 영화 속 대사 중 이 부분이 하이라이트입니다.

'평생 소외되어 살다가 본모습으로 돌아온 거였어요. 비로소 자기 자신이 되었고 그 자기 자신이란 무대 위에서 팬들에게 노래하는 뮤지션이었죠. 자기 자신이란 것이 어떤 것인지 보여주는 부분입니다.'

'전 그가 수많은 관객 앞에서 당황할 줄 알았지만, 정반대였죠 아주 편안해 보였어요. 얼굴에도 완벽한 평온이 감돌았죠. 평생 찾아 헤매던 곳을 드디어 찾은 듯했어요. 집이란 받아들이는 것이죠. 엉뚱하게 지구 반대편에서 사는 그였지만 집에 돌아온 것 같았어요.'

저는 핵심을 찌를 때 감명을 받습니다. 위에 저 대사가 바로 골든 에이지(전성기) 찾는 것이며 자신의 성향대로 자연스레 살아가는 것입니다. 마지막 또한 반전입니다. 로드리게즈는 공연으로 번 돈을 주변에 나눠주고 아직도 옛집에서 그냥 산다고 합니다.

정리하자면 아래와 같습니다.

1) 운 설계자는 자신의 본모습일 것.

2) 현재가 힘들더라도 비로소 자기 자신이 되는 것.

3) 자기 성향이란 아주 편안해 보이는 것.

4) 그렇게 집처럼 받아들이는 것.

로드리게즈의 성향은 바로 6번과 8번입니다. 한번 생각해보세요. 자신의 본모습. 비로소 자기 자신이 된다는 것. 그렇게 집처럼 편안한 것. 여러분은 그렇게 사나요? 아니면 그렇게 살려고 생각이나 고민을 했나요? 오로지 직장, 돈, 성공만을 위한 삶인가요? 오로지 경쟁, 명예, 권력만을 위한 삶인가요?

자신의 유니크함, 'call unique!'를 불러옵니다. 이렇게 돼야만 자신의 골든 에이지(전성기)를 찾아낼 수 있습니다. 운 설계자란 그런 것입니다.

4.
펜을 팔아봐!

∞

세상을 발칵 뒤집은 희대의 사기극! 최고들이 만들어낸 거짓말 같은 실화! 화려한 언변, 수려한 외모, 명석한 두뇌를 지닌 조단 벨포트(레오나르도 디카프리오)는 주가 조작으로 월스트리트 최고의 억만장자가 된다. 주체할 수 없이 많은 돈을 손에 쥔 그는 술과 파티, 여자에게 아낌없이 쏟아붓고, 급기야 FBI의 표적이 되는데… 인생은 한 방! 제대로 사기 치고 화끈하게 즐겨라!

—영화 The Wolf of Wall Street (2013) 소개 중에서

영화적인 부분이나 배우를 논하는 것이 아니며 경제 관련, 범죄, 주식을 논함도 아닙니다. 저의 주제는 항시 운 설계를 하여 골든 에이지(전성기) 발견하는 것입니다. 이 영화의 부제이기도 한 장면이 나옵니다.

'펜을 팔아봐!'

힌트는 이미 영화 초반부에 나옵니다.

'브래드, 이 펜을 나한테 팔아봐. 당신 옆에 있는 냅킨에다가 이름좀 써줄수 있어? 펜이 없는데?'

돈을 버는 방법 중 하나는 사람 모두가 원하는 가치 있는 무엇을 만드는 것입니다. 자신이 파는 제품이나 자신이 제공하는 서비스가 최고라는 믿음, 그것이 어떤 식이든 고객에게 꾸준히 이익이 될 것이라는 믿음을 줘야 합니다. 그가 잘 팔아서 아니라 다른 사람이 잘 사간 덕분입니다. 정리하면 이렇습니다. 저는 돈을 운으로 봅니다. 즉 돈을 버는 것은 운을 버는 것, 즉 재테크를 그래서 '운 테크' 라고 합니다.

운 테크

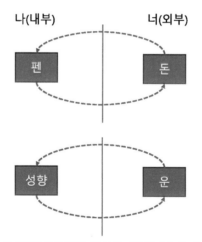

1) 성향이 가치 있게 2) 나의 가치 올라간다는 믿음

돈을 운으로 바꿔 보겠습니다. 운을 버는 가장 쉬운 방법은 내 성향으로 가치 있는 무엇을 만들어내는 것입니다. 자신의 성향이

주는 가치가 최고라는 믿음, 그것이 어떤 식이든 인생에 꾸준히 이익이 될 것이라는 믿음을 줘야 합니다. 즉 내가 성향이 좋아서 성공한 것이 아니라 운이 잘 들어온 덕분입니다. 다시 봅니다. 내 성향이 좋을 수도 있고 나쁠 수도 있습니다. 하지만 내 성향이 줄 수 있는 좋은 가치를 찾아내어 이것으로 인생이 잘 될 것이다. 이익을 줄 것이다. 그런 믿음을 사람에게 주어야 합니다. 그래야만 알아서 물건을 사가듯 운이 들어옵니다. 그렇게 운은 생겨납니다. 이것이 운 설계이자 골든 에이지(전성기)를 발견하는 길입니다.

한 가지 TIP입니다. 영화 속에서 운을 불러올 수 있는 장면이 나옵니다. 이것이 우습게 보여도 성향 분석적으로 매우 좋은 방법입니다. 주인공이 신입사원일 때 선배에게 배웁니다. 그리고 자신이 리더가 되어서 써먹습니다. 바로 '으으음~' 하는 가슴 치는 동작입니다. 영화 속에서는 효과가 대단합니다. 따라 해보길 추천드립니다. 다음은 운이 무엇인지 알아보겠습니다. 왜 이 행동이 운을 불러오는지도 알아보겠습니다.

5.
내 깃발을 잘 아는 것

∿

'으으음~' 하는 가슴 치는 동작이 '왜 운이 생기게 하는가?'에 대한 이야기입니다.

운 스텝

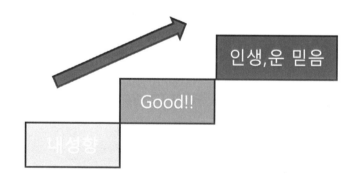

이런 단계가 필요합니다. 성향을 좋게 만들면 운이 올 수 있다고 믿어야 합니다. 그러면 운이란 뭘까요? 사전적 의미로 운, fortune 은 특히 사람의 삶에 영향을 미치는 것, 행운을 의미합니다.

운, FORTUNE

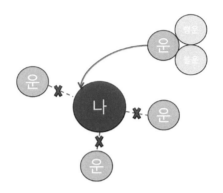

운(특히 사람의 삶에 영향을 미치는)이란 주변을 떠돌고 있는 기회의 일 종입니다. 이 운이 나에게 올 때 나와 연결될 뿐 평소에는 연결되 지 않습니다. 그럼 이런 연결을 잘하면 되지 않나요? 운을 아는 방 법은 뭐가 있나요? 우리가 흔히 아는 운을 아는 방법의 사례 중에 점치는 것이 있습니다. 점이란 떠도는 바람과 같은 것입니다. 운 역 시 이와 같습니다. 다시 이 그림을 봅니다.

깃발과 운

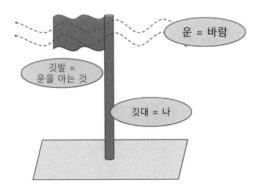

그림처럼 이해하는 것이 바로 운을 아는 것입니다. 운도 바람과 같습니다. 이 바람을 느껴야 하는 데 그것이 바로 깃발입니다. 깃발. 깃발이 운을 아는 것입니다.

만일 깃발이 없다면

깃대와 운

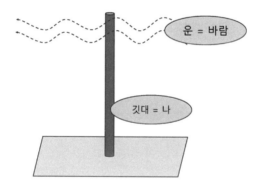

그냥 운도 지나갑니다. 점을 잘 치는 것도 이와 같은 원리입니다. 점을 치는 것 역시 깃발을 보는 것입니다. 즉 자신의 깃발이 있는 것과 없는 것은 운을 아는 것과 그냥 모르고 지나치는 것과 같습니다. 흔히 '나는 불행하다' '하는 일마다 안된다'고 생각하지만 사실 그런 분들의 인생에서도 운은 많이 스쳐 지나갔습니다. 그걸 몰랐던 겁니다.

하지만 성공한 분들의 대부분은 이걸 직감적, 본능적 혹은 공부를 해서 압니다. 이걸 알아야 합니다. 여기서 '공부'란 단순히 시험, 자격을 위한 공부가 아니라 일생에서 배우는 모든 것의 넓은 의미라 생각하면 됩니다.

운명과 깃발

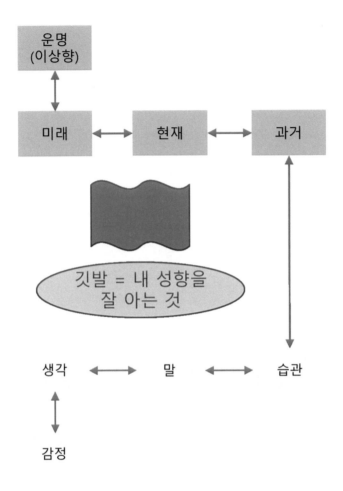

다시 한 번 성향 즉 마음과 행동이 운명과 연결되는 도식을 보겠습니다. 내 성향이 결국 운명과 이어집니다. 깃발을 가지는 것은 내 성향을 잘 아는 것입니다. 그런 내 성향을 잘 아는 것은 내 깃발을 잘 아는 것이고 내 깃발을 잘 알면 내 운을 잘 알 수 있습니다.

6.
운을 만들고 조절하는 힘

'으으음~' 하는 가슴 치는 동작이 왜 운이 생기게 할까요? 이걸 도식화하면 아래 그림처럼 됩니다.

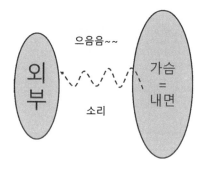

외면과 내면

외면		현재,미래		결과
———	=	———	=	———
내면		과거		원인

내면과 외면, 과거와 현재-미래, 원인과 결과의 관계식입니다. 소리는 관계를 연결해 줍니다. 주문을 아는지요? 주문이라니 조금 놀랐습니까? 최근 국가사태 때문에 이 단어가 금기시되지만 말 그대로 주문입니다. 사이비종교와 같은 이상한 의미가 아니라 매우 당연하고 자연스럽고 별것 없는 이런 '으으음~'하는 행동을 저는 주문이라고 생각합니다. 흔히 우리가 하는 다짐, 각오도 일종의 주문입니다.

주문이란

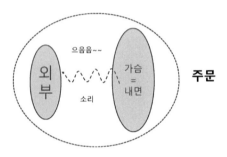

더 일상적인 예가 바로 소변을 볼 때 "쉬~"라고 하는 것도 주문입니다. 황당한가요? "쉬~"도 주문입니다. "쉬~"라고 하면 몸이 반응합니다. 아마 어린 시절 거의 모두가 해보았을 겁니다.

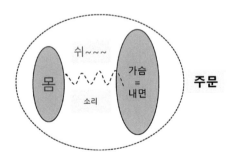

외부를 바꾸는 힘

외면,외부를 바꾸는 힘

그렇습니다. 주문은 외면, 외부를 바꾸는 힘이 있습니다. 흔히 기분이 DOWN 되었을 때를 (-) 상태로 봅니다. 기분이 UP 되었을 때를 (+)로 봅니다. (+)인 성향이 9번, 2번, 7번, 5번으로 보면 됩니다.

과할 때

하지만 (-)를 (+) 되게 하는 것은 좋은 주문이라면 (+)를 (+)(+) 되게 하는 것은 과한 주문이 될 수 있습니다. 영화에서 혹은 현실에서 사기를 치거나 약물을 하는 것도 이와 같습니다. 그럼 이득이 되는 주문은 어떤 것이 있을까요? 즉 자신이 (-)가 되었을 때 외부를 바꾸는 힘인 주문과 같은 것들은 뭐가 있을까요? 주문과 같은 것들입니다. 이것을 운 설계라고 합니다.

아래는 나로부터 변화가 커지는 순서입니다.

1) 주문은 내 주변 가까이 변화시킬 수 있습니다. 각종 운동도 여기에 해당됩니다.

2) 주변 환경을 조금씩 바뀌는 것으로 범위가 조금 넓어집니다. 방 구조를 바꾸건 인테리어를 바꾸는 것이 포함됩니다.

3) 여행을 갑니다. 여행이란 것이 흔히 바람 쐬러 간다고 합니다. 바람이 바로 숫자 2번입니다. 숫자 2번은 (+)라 했습니다. 다 이유가 있는 겁니다. 또한 여행은 하늘을 보는 것입니다. 하늘은 숫자 9번입니다. 가장 큰 (+)입니다.

4) 더 큰 변화를 위해 이동이나 이사를 합니다. 일종의 큰 주문과도 같은 것입니다. 디테일하게는 사람 따라 적용이 다를 수 있습니다. 어떤 (-) 시점을 알아야 하고 내가 적용할 수 있는 범위를 정해야 합니다.

그럼 다시 처음으로 돌아가서 영화 속 '으으음~' 소리를 내며 가슴을 치는 것이 왜 효과가 있는지 이해되나요? 뭐 영화적 재미, 그냥 나쁜 놈들의 헛짓거리로 넘겼다면 이런 원리를 잘 몰랐던 것입니다. 작은 주문이건, 큰 주문이건 주문은 자신의 성향과 관련이 있으며 성향을 바로 알고 변화시키는 것이 바로 운을 만들고 조절하는 힘입니다. 이것이 바로 골든 에이지(전성기) 찾는 운 설계자가 되는 방법입니다.

나로부터 변화

1. 주문 (마음의 소리를 내는 것),
   각종운동, 생활습관
2. 주변환경을 바꾸는 것,
   공간 심리적 변화
   (집, 방, 기타 생활공간 이슈)
3. 여행 (바람을 맞고 하늘을 접함)
4. 이동, 이사, 큰 변화

4.   3.   2.   1. '나'

'나'로부터 변화가 커진다.

7.
직장에서 언제까지 버틸 수 있을까?

워킹맘들 '직장에서 언제까지 버틸 수 있을까?' 취업부모의 양육 책임
과 부담이 조부모에게 전가되는 이른바 '조부모 양육 전성시대'를 맞
이하고 있습니다. '돌봄의 세대 전가' 현상이 왜 발생하였으며 어떤 문
제를 대두시키고 있는지, 여성주의적 관점에서 진단하고 대안을 제시
하는 기사를 연재합니다.

— 2016-10-01 미디어 일다, 편집자 주

육아는 힘듭니다. 저도 육아휴직을 해봤습니다. 관련된 의견을
지역 TV 방송에 인터뷰까지 했습니다. 제가 이 기사를 말씀드리는
이유는 운 설계에서 중요한 부분이기 때문입니다. 저는 이런 문제
의 솔루션 중 하나로 1인 지식 창업을 추천드립니다(관련 내용은 내년
에 출간할 예정입니다). 이와 유사한 개념이 바로 운 설계자가 되는 것입
니다.

운 설계자! 스스로의 인생을 설계하는 사람입니다. 저는 이런 사
람을 운 설계자라 부릅니다. 운 설계자의 5가지 특징을 정리하면
아래와 같습니다.

① 자신을 잘 안다.

② 자기 자신으로 살려고 한다.

③ 자신의 '때'를 알고 준비한다.

④ 잘될 때 운을 붙잡는다.

⑤ 안될 때 운을 불러온다.

골든에이지를 위하여

자신을 잘 안다.

자기자신으로 살려고 한다.

자신의 '때' 를 알고 준비한다.

잘될 때 운을 붙잡는다.

안될 때 운을 불러온다.

8.
수많은 먹먹함과
도저히 해소되지 않을 감정

7포 세대…"젊어도 아프다!" 젊은 세대들에 심뇌혈관질환 의심자가 많은 것으로 나타나 주의가 요구됩니다. 20~30대의 3명 중 1명은 심뇌혈관질환이 의심되는 것으로 조사됐습니다. 3포 세대(연애, 결혼, 출산)에서 4포 세대(3포+인간관계)로 나아가더니 5포 세대(4포+주택 구입)로까지 진행됐습니다. 여기에 이젠 '꿈과 희망마저 포기해야 하는 '7포 세대'에 진입했다는 이야기도 나오고 있습니다.

— 2016-10-03 아시아경제

'꿈과 희망마저 포기해야 하는 '7포 세대'에 진입했다'는 기사입니다. 인생에는 길이 있습니다. 운은 그 길을 따라옵니다. 흔히 '인생의 기회는 3번 온다'고 하는 말이 있습니다. 아래 그래프를 한번 봅니다. 이것이 인생길이라 생각하면 됩니다. 꿈과 희망이라는 것도 이런 식으로 잡아야 합니다. 막연한 것이 아니라 그 운을 잡을 준비를 하고 기다리며, 기회가 올 때, 운이 올 때 잡아야 합니다. 그래야만 엉뚱하게 먼 길을 돌아가지 않습니다. 그러면 자신의 성향대로 살 수 있습니다. 아니면 결국 퇴직을 하든 일을 그만두든 아니면 너무 나이 들어 후회하게 됩니다. 그냥저냥 살다 보니, 시간이 흐르는 대로 무작정 살면 후회도 못하고 끝날 수도 있습니다.

운과 시기

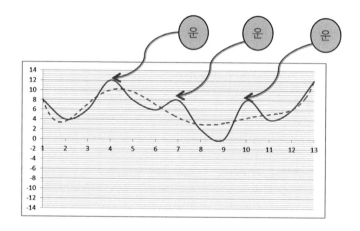

가로는 시간 축입니다. 13년 시간으로 볼 때 위의 경우(사람에 따라 다릅니다), 운은 3~4번 정도 옵니다. 모르면 그냥 지나가는 운이 무려 3~4번이나 옵니다. 운은 기회라고 말했습니다. 기회, 어떤 기회인가요? 나의 마음과 행동을 변화시킬 수 있는 기회이자 변하게 만드는 기회입니다. 굵은 선 그래프는 1년 단위로 본 것입니다. 그래서 저는 작은 운이라고 합니다. 아래 점선은 13년 동안 경향성을 본 것입니다. 경향성으로 보는 것은 오랜 시간을 걸쳐 생각하는 관점입니다.

큰 운과 준비

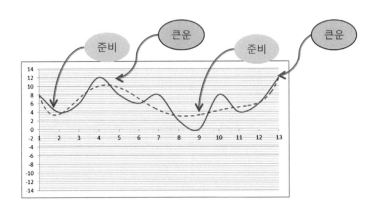

저는 이것을 큰 운이라고 봅니다. 큰 운이 두 번 옵니다(이 분석자에 만 해당되는 사항입니다). 운 설계자가 된다는 것은 이런 것입니다. 막연한 꿈과 희망을 가지고 '노오력'을 하라는 말이 아닙니다. 꿈과 희망을 포기하지 않게 됩니다. 나의 길, 나의 시간, 나의 때, 나의 기회 그것을 알고 준비하고 그때가 왔을 때 'Do It!' '저질러라!'는 뜻입니다. 그동안 수많은 불확신, 반대, 피눈물의 시간을 거쳐 기회가 올 때 '잡아라!'는 뜻입니다. 그런 용기를 가질 수 있는 힘을 기르는 것 그것이 운 설계자가 되는 것입니다.

가로축 2번 시점에서 준비하여 5번 시점에서 기회를 잡아야 합니다. 자, 만일 놓치더라도 다시 13번 시점에 오게 됩니다. 그러려면 9번 시점부터 준비해야 합니다. 길면 수년간 준비가 필요할 수 있습니다. 그 기간 자신이 얼마나 단련될지 상상이 갑니까? 이런 삶은 절대로 시간이 흐르는 대로 무작정, 나의 인생길이 어떤 것인지 모르고 살지 않습니다. 당장 현재는 회사를 다니고 취업 준비를 하고 아니면 하기 싫은 일, 평범한 일을 하고 살 수 있습니다.

하지만 기다리는 것입니다. 가끔 숨 못 쉴 정도로 먹먹해질 때, 도저히 해소되지 않을 감정이 다가올 때를 기다리는 것입니다.

그리고 실천하는 믿음에 대한 확신을 가지고 움직이게 됩니다. 그게 운 설계자입니다. 그게 자신을 잘 아는 사람입니다. 그러면 7포를 하지 않을 겁니다. 꿈과 희망을 포기하지 않게 됩니다. 그래프의 주인공이 바로 저입니다. 수없이 많은 숨 못 쉴 정도로 먹먹했던 날들과 도저히 해소되지 않을 감정이 쌓여 기다리고 기다리다가 이제야 이 글을 쓰고 이런 행동을 하는 이유이기도 합니다.

9.
먼 길 _지름길의 반대말

돌이킬 수 없는 시간의 끝에서, 우정은 끝났다! 오랜 시간 친구였던 미첼과 카터는 아름다운 사막 경치를 감상하기 위해 먼 길을 돌아가는 여행을 시작한다. 하지만 갑자기 트럭이 고장이 나면서, 물도 음식도 없는 추운 사막에 고립된다. 고립되는 시간이 점점 길어질수록 사소한 이야기에 화를 내고 서로를 탓하며 잔인하게 공격하기 시작하는데….

—영화 데스로드(Scenic Route, 2013) 소개 중에서

'데스로드'보다 '먼 길'(지름길의 반대말), 원제가 더 잘 어울리는 영화입니다. 이 영화는 앞서 말한 그 길에 대한 영화입니다. 흔히 인생길, 성공의 길, 사업의 길, 무슨 길이라는 표현을 자주 씁니다. 역시 영화적 내용이나 감독의 의도와는 상관없이 제가 임의로 운설계에 관련된 메시지를 찾습니다.

영화설정은 낯설고 황량한 사막의 도로에서 두 친구 차가 고장 나면서 고립되는 이야기입니다. 역시 고립에서 탈출이 주목적입니다. 여기서 길이란 차가 지나다니는 곳입니다. 저는 운을 차로 표현

합니다. 즉 차가 오는 것이 살 수 있는 기회이자 운입니다. 운이란 차가 지나다니듯 길을 따라다니는 것입니다. 하지만 두 친구는 총 네 번의 기회를 다 놓칩니다. 어쩔 수 없는 2번의 상황을 겪지만 3, 4번째를 우리는 눈여겨봐야 합니다.

이때는 길 옆에서 피로와 탈수에 지쳐 자고 있었습니다. 차가 왔지만 모르고 지나갑니다. 더 억울한 상황은 그다음 연출됩니다. 간신히 용기를 내서 길을 벗어나 탈출했는데 그 길에 다시 차가 옵니다. 물론 또 놓쳐버립니다. 운 설계를 한다는 것은 운을 올 때를 안다는 것입니다. 즉 차가 올 때를 안다는 것입니다. 차는 어디로 오나요? 결국 그 길에서 옵니다. 길이 아닌 곳에서는 거의 오지 않습니다. 대부분 길에서 옵니다. 그러면 그 차를 잡으려면 길에 있어야 합니다. 이런 상황일 경우 길을 막아주던지, 길에 표시를 해주는 방식을 통해 길과 나를 연결을 해주어야 합니다.

차를 운이라고 했습니다. 운 역시 오는 길이 있습니다. 제가 이전에 운을 바람이라고 했습니다. 바람은 바람길을 따라 불어옵니다. 누구에게는 자주 올 수 있고 누구에게는 자주 안 올 수 있습니다. 하지만 결론은 옵니다. 왜냐면 길이 있습니다. 길에 차가 다니듯 운 역시 인생길로 다닙니다. 그것을 잘 아는 사람과 모르는 사람이 있을 뿐입니다.

운을 아는 것이란 바로 인생길, 그 옆에서 차가 오는지 끝까지 지켜보는 것과 같습니다. 올 때는 잡아야 합니다. 막연히 기다리는 것이 아닙니다. 막연히 기다리지 못하니까 그 길을 벗어나게 됩니다. 그러면 운이 올 때 놓쳐버립니다.

영화의 마지막 장면에서 주인공이 이런 말을 합니다. 지금 내가 실천하는 믿음에 대한 확신이 안 선다고 합니다. 결국 주인공은 길에서 구출되지 못하고 엉뚱한 곳에서 엉뚱하게 구출이 됩니다. 그리고 너무도 원하던 인생을 삽니다. 주인공이 원하던 인생은 샐러리맨이 아니고 음악을 하는 것입니다. 모히칸 헤어스타일인 것도 그 때문이죠. 친구의 원하던 인생은 소설가입니다. 그런데 그만큼 원하던 인생을 살고 일이 잘 풀리는 상황이 의심스럽다고 합니다.

믿기질 않는 것입니다. 의문을 가지고 친구에게 말합니다. 차라리 복권에 당첨되는 것이 원하던 인생을 사는 것보다 가능성이 있다고 합니다. 원하던 인생을 살면 분명 힘들고 일이 꼬이고, 반대에 부딪히고, 서럽고, 눈물이 나야 하는데 뭔가 이상하다고 합니다. 결국 모든 것이 환상일 수 있다고 은연중에 이야기하면 영화는 끝이 납니다.

우리는 모두가 원하는 인생을 살 운이 있습니다. 다만 그 운이 인생길을 따라 스치듯 지나갑니다. 이때 우리는 길 위에 있지 않고 길 옆에 있거나 먼 길을 돌아가려고 떠났습니다. 다른 길을 찾고 그 길에서 살아갑니다. 하지만 자신이 원하던 인생길은 아닐 겁니다. 왜냐면 자신의 원하던 인생길이 영화의 주인공처럼 오히려 비현실적으로 느껴집니다. 믿기질 않고 자신이 실천하는 믿음에 대한 확신이 서질 않습니다.

왜일까요? 무엇이 자신의 인생길인지 모르는 것이 첫 번째 이유이고 또 하나는 언제 나의 인생길을 찾을지 모르기 때문입니다. 여러분은 어떻게 생각하나요? 평범한 샐러리맨이 자신의 인생길인가요? 음악 하는 사람이 자신의 인생길인가요?

10.
여러분만의 희열을 따르라!

『신화와 인생』(조지프 캠벨)에서 글을 발췌하고 제 생각을 첨삭하였습니다.

인생은 아무런 의미가 없다. 우리가 거기에 의미를 부여했을 뿐이다. 진정한 의미란 살아있음이 바로 그것이다.

여러분은 살아있나요? 오히려 매일 죽어 있는 느낌이 아닌가요?

우리는 스스로가 계획 두었던 삶을 기꺼이 내팽개칠 수 있어야 한다. 그래야만 우리를 기다리는 다른 삶을 살 수 있을 것이니까.

다르게 살기 위해서는 운을 기다리고, 자신만의 '때'를 기다리는 것입니다.

파괴가 있는 다음에 창조가 있다. 모든 과정은 우선 뭔가를 깨뜨리는 것과 연관된다. 생명이 움트기 위해서는 반드시 흙이 부서져야만 한다.

숫자로 보면 6번과 7번의 조합입니다. 창조자와 선구자, 물과 벼락, 초연결과 직진. 이 둘이 합쳐지면 흙을 부수고 새싹이 돋아나는 것, 즉 새로운 출발이자 시작의 의미인 'sprouting'입니다.

바로 삶을 경험하는 것, 고통과 기쁨을 모두를 경험하는 것이다. 이 세상은 우리의 짝이며, 우리 역시 이 세상의 짝이다.

일반적이고 평범한 삶은 위대한 것입니다. 모든 일을 피하지 않은 여러분이 대단한 것입니다.

여러분 자신의 길을 따라 삶을 계속해 나아가는 동안에는 혹시 새똥이 떨어진다 해도 그걸 닦느라 신경 쓰진 마라.

새똥을 닦지 않으려면 자기 확신이 생겨야 가능합니다. 그 확신은 자신의 인생길을 알아야만 가능합니다.

깨뜨리고 나옴은 여러분만의 희열을 따르는 것이다. 그것은 여러분 자신의 길이 아니다. 자신의 잠재력을 깨닫지 못하게 될 것이다.

희열을 따르려면 자신의 성향을 정확히 알아야 합니다. 그래야만 자신의 길을 갈 용기가 생겨납니다.

근본적으로는 하나에 불과하다.

성향분석도 하나가 둘이 되고 둘이 여덟이 되고 이것이 매년 순환됩니다. 숫자 1~9까지 기억하십시오. 그게 근본입니다.

11.
아무것도 하기 싫을 때!

　지금까지 운과 때에 대해 이야기를 해보았습니다. 이제 안될 때에 대해 말씀드리겠습니다. 아무것도 하기 싫을 때가 있을 것입니다. '피로 사회' 책 내용을 인용해서 말씀드리겠습니다.

　성과사회는 우울증 환자와 낙오자를 만들어낸다!

―「피로 사회」, 한병철

　저는 이 책의 내용을 받아들임의 철학에 대한 이야기로 봅니다. 이 내용을 자신이 안 좋을 때, 아무것도 하기 싫을 때, 꼭 필요한 지혜로 분석합니다.

　피로 사회

> **부정적힘 – 하지 않을 수 있는 힘 – 돌이켜 생각하기**
> **≠ 무력감, 능력부재**
>
> **긍정적힘 – 할 수 있는 힘　　 – 계속 생각해나가기**
> **　　　　　　　　　　　 = 성과사회 – 도핑사회**

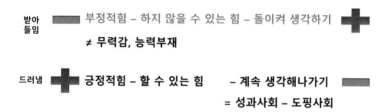

부정적힘(영감,사색) – 무위의 피로(근본적 피로)– 쓸모 없는 것의 쓸모가 생겨나는 날
(막간의 시간)

피로   ≠ 무력감, 능력부재

긍정적힘   – 탈진의 피로
                                                          = 성과사회 – 도핑사회

잘 보면 부정인데 부정 같지 않고 긍정인데 긍정 같지 않습니다. 의아할 겁니다. 여기에 성향분석의 원리 (-), (+)를 대입하면 쉽게 이해가 됩니다.

받아들임 철학

받아   ▬▬▬ 부정적힘 – 하지 않을 수 있는 힘 – 돌이켜 생각하기   ✚
들임   ≠ 무력감, 능력부재

드러냄 ✚ 긍정적힘 – 할 수 있는 힘   – 계속 생각해나가기   ▬▬▬
                                              = 성과사회 – 도핑사회

부정적 힘이란 받아들임의 철학입니다. 이때 흔히 하기 싫고 일이 잘 안 풀리기도 합니다. 하지만 왼쪽의 (-)는 오른쪽의 (+)로 변할 수 있습니다. 이것이 받아들임의 철학입니다. 부정적 힘이 작용할 때는 돌이켜 생각하는 것으로 자신의 운을 바꿀 수 있습니다. 피로 역시 마찬가지입니다. 우리가 피로하다고 여길 때 쓸모없는 것의 쓸모가 생겨나는 날, 시기, 그런 때, 막간의 시간을 잘 활용하여 나의 운을 설계하면 됩니다.

받아들임과 드러냄

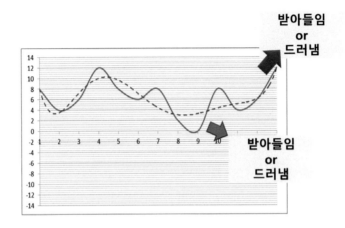

타고난 성향이 그래서 중요합니다. 자신의 받아들임과 드러냄이 누구의 기준이 아니라 자신의 기준으로 필요합니다. 내가 언제 받아들일 것인가? 내가 언제 드러내야 하는가? 인생의 시기와 때에 따라 우리는 'or'로 대처해야 합니다. 받아들인다고 드러나지 않는 것이 아닙니다. 드러난다고 좋은 것만은 아닙니다. 내가 잘 될 때 운을 붙잡으려면 드러날 때 조심해야 하며 내가 안될 때 운을 가져오려면 받아들일 때 어떠한 철학, 자신의 신념, 생각, 행동을 하는가에 따라 달라지게 되는 것입니다.

결국 한병철 교수의 글처럼 부정과 긍정이란 둘 다 하나에 포함되어 있습니다. 아무것도 하기 싫을 때가 오히려 기회가 된다는 것, 그것이 바로 운 설계자 자세이자 준비하는 기간인 것입니다. 돌이켜 생각해보고, 영감과 사색을 많이 해봅니다. 쓸모없는 것의 쓸모가 생겨나는 시간, 인생 막간의 시간으로 즐기면 다시 드러남의 시기로 전환이 됩니다. 이럴 수 있는 사람이 바로 운 설계자입니다.

12.
이름을 바꾸면 취업·결혼 잘 될까?

이름도 경쟁력 개명 열풍 지푸라기라도 잡는 심정으로 취업·결혼 앞두고 개명 신청 신분증·통장·자격증 재발급 인간관계 혼란도 기꺼이 감수 대체로 심리적 만족감 높아져 손아섭 선수 등 승승장구 사례도….

— 2016-10-05, 한국일보

    단지 이름만 바꾸면 되는 것이 아니라 자신의 운을 바뀌야 하는 부분입니다. 운 설계를 하는 것입니다. 발음적으로 이상한 뜻, 발음이 불편하거나 특정 동명이인 같은 경우를 생각해보면 됩니다. 이름을 바꾸는 것은 '나로부터 변화' 1번에 해당합니다. '나'와 가장 가깝게 바뀌는 것입니다. 주문, 습관, 운동과 나의 외모(머리, 옷, 안경, 신발 등) 그리고 나의 시간은 모두 1번의 범위에 있다고 보면 됩니다.

너와 나의 주변

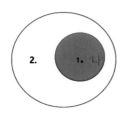

1. 마음의 소리를 내는 것(주문)
   습관
   나의 외모(머리, 옷, 안경, 신발 등)
   나의 시간

2. 주변환경을 바꾸는 것
   나의 공간 심리(집, 방, 생활공간)
   나의 인간관계

저는 '이미지 메이킹' 분야를 운 설계의 한 부분으로 봅니다. 자신의 이미지를 상대방 또는 일반인에게 각인시키는 일입니다. 헤어/메이크업, 퍼스널 컬러, 스타일링 모두 '나로부터 변화' 1번에 해당합니다.

『성공 이미지 메이킹』이라는 책에도 이런 내용이 있습니다.

'개운(開運)' 피부 관리, 메이크업, 스타일과 생활 환경까지. 저자인 권혜영 국제대학교 뷰티 디자인 계열 교수는 수년간 다방면의 연구와 자료 정리를 통해 이 책을 펴냈다. 이 책에서 저자가 가장 관심을 갖고 소개하는 것은 개운 피부 관리와 매뉴얼 테크닉, 인상학과 메이크업이다. 저자는 비단 여성뿐 아니라 남성을 위한 화장법, 바른 수트 착장법, 호감 주는 커뮤니케이션 예절까지 균형 있게 다루었다. 또 개인의 이미지 메이킹에만 국한되지 않고 환경 속에서 나를 가꾸는 생활공간별 이미지 메이킹을 소개하면서 마지막으로 미래 이력서를 써보라고 조언한다. 책 전체를 관통하는 '개운(開運)'이란 키워드는 피부 관리, 메이크업, 스타일, 환경에까지 이어진다. 그만큼 이미지 메이킹은 더 큰 성공을 현실 가능하게 해주는 키로 분석된다.

—『꿈을 실현시켜 주는 성공 이미지 메이킹』, 권혜영

운 설계는 이렇듯 1단계부터 고려해야 합니다. 제가 계속해서 이야기했던 내용입니다.

13.
'인생 2막' 꿈꾸다
브로커에 속고 빚더미에 울고

∞

실패 부르는 '준비 안 된 창업' '창업 브로커'에 속고 준비도 부족… 음
식·치맥집 냈다 폐업 속출   — 2016-10-09, 세계일보

'준비 안 된 창업', 이런 식이면 당연히 실패합니다.

중소기업청 프랜차이즈 평가 심사위원은 '은퇴 후의 창업이라고 해도
제2의 직장에서 새 시작을 한다는 마음으로 최소한 3년 이상은 고민
하고 20년 이상의 장기 로드맵을 세워야 성공한다'고 말했다.

— 2016-10-09, 세계일보

이런 경우가 가장 일반적인 사례라 할 수 있습니다. 우선 프랜차
이즈는 본사에 의해 모든 것이 좌지우지됩니다. 개인의 개성이 포
함되지 못합니다. 개성이란 말은 개인의 능력이라는 뜻입니다. 즉
능력이 있어도 발휘를 못합니다. 그러므로 준비 안된 사람이 쉽게
합니다. 즉 능력이 없는 사람이 합니다.
　저 역시 프랜차이즈 박람회를 수도 없이 다녀봤습니다. 물론 잘

되는 곳이 있습니다. 하지만 본사에서 특정 매장을 관리해서 많은 가맹점을 모으기 위한 보여 주기식 매장도 있습니다. 또한 본사에서 공급받는 재료는 원가절감이 안됩니다. 그리고 이 모든 것을 헤치고 소위 '대박'이 나도 문제가 있습니다. 본사에서 그 매장을 가만두지 않습니다. 새로 리모델링 비용 요구하는 등 수많은 요구가 있습니다. 마지막으로 대부분 가맹주는 월세를 내는 세입자인데 집 주인이 가만두질 않습니다. 생각해 보세요. 프랜차이즈란 아무나 해도 어차피 본사에서 기획한 대로 하는 것입니다. 특별히 주인이 바뀐다고 달라지지 않습니다. 그러니 집주인도 할 수 있습니다. 분명 그렇게 하는 경우가 다반사입니다.

그러므로 잘돼도 문제가 생기고 안되면 가맹점주만 손해 봅니다. 본사는 가맹비, 인테리어비 등에서 이미 돈을 다 가져갑니다. 절대 손해 보는 구조가 아닙니다. 그럼 아무것도 모르는데 어떻게 하나요? 그래서 준비 없이 하면 안 된다는 소리입니다. 그럼 프랜차이즈 본사만 그런 구조적 문제만 있나요? 아닙니다. 일반적으로 퇴직을 했다는 것이 더 큰 문제입니다. 회사에 오래 다닌 경우 실제 사업, 장사에 대한 감각은 없습니다. 더군다나 세상 물정을 모르는 경우가 허다합니다.

큰 회사 조직일수록 그런 경향이 많으며 그런 조직에 만일 50대까지 있었다면 우물 안 개구리이자 과잉 보호받은 어린 아이일 뿐입니다. 그런 분들은 프랜차이즈 관련 창업전문가에게는 정말 만만한 상대입니다. 그래서 준비 기간이 필요하고 자기계발이 필요한 겁니다. 제가 말씀드리는 운 설계도 하나의 솔루션입니다. 오래전부터 미리 인생의 2막을 대비하는 것입니다.

14.
준비 없는 '묻지마 창업'

∞

2015년 창업기업 실태조사 / 창업 준비기간 평균 10개월. 10명 중 8
명 "교육받은 적 없다"

— 2016-10-09, 세계일보

장사는 아무나 하는 것이 아닙니다. 자기 성향에 맞아야 합니다.
이 기사 내용 속 고급 우동집을 연 정모(52·여)씨, 명문 공과대학을
다니던 박모(27)씨 두 분 다 '묻지마 창업' 탓에 빚을 지게 되었다고
합니다.

'반드시 현재의 시장 환경, 개업하고자 하는 업종을 분석해 자신이
경쟁사들과 비교해 만족할 만하고 차별화된 상품을 내놓을 수 있는
지부터 따져봐야 한다'고 말했다.

— 2016-10-09, 세계일보

다 맞는 말입니다. 업종 분석하고 경쟁사 비교하고 차별화된 상
품을 내놓기는 하지만 그것도 부족합니다. 흔히 사업 계획서를 잘

쓰면 성공한다고 생각하는 오해와 비슷합니다. 아무리 준비해도 안 되는 사람은 안됩니다. 자신의 '때', 운의 시기와 장사나 사업에 적합한 성향인지 알아보는 운 설계가 포함되야 합니다. 더군다나 평생을 시키는 일만 하고 살아온 직장인은 더욱 힘듭니다. 자신의 운 설계를 한 후 결정해야 합니다.

나는 조직에서 독립하여 장사나 개인 사업을 할 것인가? 그럼 언제쯤 할 것인가? 고민 후 아직 이르다는 운 설계자로서 판단이 들면 그냥 회사 다녀야 합니다.

15.
못보다 망치

∽

가난한 삶, 폭력적인 아빠, 부모의 이혼으로 불우했던 유년 시절을 지나 엄마와 함께 행복한 인생을 맞이하려는 찰나, 유일한 삶의 희망이자 온몸을 다해 의지했던 엄마가 갑작스럽게 암으로 세상을 떠난다. 엄마의 죽음 이후 인생을 포기한 셰릴 스트레이드는 스스로 자신의 삶을 파괴해가고…. 그녀는 지난날의 슬픔을 극복하고 상처를 치유하기 위해 수천 킬로미터의 삶과 죽음을 넘나드는 극한의 공간 PCT를 걷기로 결심한다. 엄마가 자랑스러워했던 딸로 다시 되돌아가기 위해….

―영화 'Wild(2014)' 소개

이 영화의 주제곡입니다.

I'd rather be a sparrow than a snail(달팽이보다는 참새가 되겠어.)
Yes I would, if I could, I surely would(할 수만 있다면 꼭 그럴 거야.)
I'd rather be a hammer than a nail(못보다는 망치가 될 거야.)
Yes I would, if I only could(할 수만 있다면 그렇게 하겠어.)

I surely would(꼭 그럴 거야.)

Away, I'd rather sail away(멀리, 차라리 멀리 항해를 떠나겠어.)

Like a swan that's here and gone(여기에 머물다 떠나간 백조처럼)

A man gets tied up to the ground(인간은 땅에 머물러 있다가)

He gives the world its saddest sound(가장 슬픈 소리를 세상에 들려주지.)

Its saddest sound(가장 처량한 소리를)

I'd rather be a forest than a street(도심의 거리보다는 숲이 되겠어.)

Yes I would, if I could, I surely would(할 수만 있다면 그럴 거야, 꼭 그럴 거야)

I'd rather feel the earth beneath my feet(차라리 내 발아래 흙을 느끼고 싶어)

Yes I would, if I only could,(할 수만 있다면 그렇게 하겠어)

I surely would(꼭 그럴 거야)

—Simon & Garfunkel 'El Condor Pasa(If I Could)'

대표적인 드러냄의 철학을 노래했습니다. 달팽이보다는 참새. 못보다는 망치. 머물다 떠나간 백조. 땅에 머물러 가장 슬픈 소리. 해야 할 때 해당되는 말입니다. 운 설계를 하기 위해 이것만 해당되는 것이 아닙니다. 하지 말아야 할 때는 어떻게 할까요?

참새보다는 달팽이. 망치보다는 못. 머무는 백조. 땅에 머물러 가장 기쁜 소리. 이렇게 바뀔 것입니다.

16.
쫄지 마, 묻지 마, 닥치고

∞

불법·편법 난무, 투기판 된 분양 시장

— 2016-10-10, MBC

저도 예전에 부동산 공부도 해봤고 경매 공부도 해보았습니다. 불법, 편법, 투기판이라는 것을 실감하고 그만두었습니다. 최근 이런 말이 유행했습니다. '감당할 수 있겠는가?' 이 말은 투기, 장사, 사업, 정치에 다 해당되는 말입니다. '쫄지 마, 묻지 마, 닥치고' 이런 마인드도 목적을 달성하고 돈을 벌려면 필요합니다. 이런 말투로 꽤나 유명했던 어떤 분 생각이 납니다. 유행어로 만든 장본인이기도 합니다. 꼭 이 말 뒤에 욕설도 붙습니다.

그러면 이 분 성향이 뭘까요? 이 책을 읽으시는 분은 이제 이런 습관이 생겼을 것입니다. 이 분은 직설적이고 욕도 잘하고, 다른 사람 '디스'도 잘하고 그리고 웬만하면 쫄지도 않습니다. 이 책을 잘 읽으셨다면 숫자 1번에서 9번 중 2~3개를 골라봅니다. 이미지와 도식을 떠올려 봅니다. 안 쫄고 '닥쳐라!'고 이야기할 수 있는 성향입니다. 정답은 4번과 7번입니다.

17.
곤경에 빠지는 건 뭔가를 몰라서가 아니라
뭔가를 확실히 안다는 착각 때문이다

∞

"여러분, 돈 법시다! 돈 벌 준비 됐죠?" 은행은 전부 사기꾼들, 당신의 돈이 사라지는 진짜 이유!

—영화 The Big Short (2015) 소개 중에서

"곤경에 빠지는 건 뭔가를 몰라서가 아니다. 뭔가를 확실히 안다는 착각 때문이다."

—마크 트웨인

저는 이 말에서 '곤경'은 모두에게 해당되는 말이라 생각합니다. 실제 영화 주인공 마이클 버리 박사가 흥미롭습니다. 예측한 자신의 결과에 대해 끝까지 밀어붙입니다. 수많은 곤경과 반대에 부딪히지만 자기 역시 뭔가를 확실히 안다고 주장합니다. 단지 착각이 아니었을 뿐입니다. 그럼 착각인지 아닌지는 어떻게 알까요? 결과가 말해줍니다. 그럼 결과를 보기 전에는 어떻게 압니까?

버리 박사는 숫자, 데이터, 사실에 근거합니다. 확실히 알았다고 생각될 때 곤경을 감수합니다. 자신의 운 설계를 하려면 이런 확신

이 있어야 하고 그것이 곤경을 견뎌낼 수 있게 해줍니다. 이상합니다? 무슨 성격일까요?

어떤 글에서 버리 박사에 대해 평가하기를 과감하게 투자를 선택한 것에는 그의 저주이자 축복인 '아스퍼거 신드롬' 작용으로 보인다고 했습니다. '아스퍼거 신드롬'을 앓는 사람은 한 가지 분야에 놀라운 집중력과 능력을 보여주는 반면, 근본적으로 사람들과의 교류를 이해하지 못하는 특징이 있습니다. 저의 성향분석으로 보면 버리 박사는 7번입니다. 그것도 행동과 마음이 둘다 7번입니다. 7번을 가진 버리 박사다운 확신이었고 행동이었습니다. 이 영화 속 (2007년 미국금융위기) 사건이 있던 후, 버리 박사는 혼자 조용히 일하며 주변 가족과도 소통하려 노력하면서 잘 지낸다고 합니다. 여러분도 한번 해보세요. 버리 박사 숫자를 찾아보고 이 책에 숫자 7번에 대해 읽어보십시오.

자신의 성향 숫자를 안다는 것 역시 이와 같은 맥락입니다. 나에 대한 확신이 있어야 합니다. 나를 착각해서는 안되는 것입니다. 즉 나의 사회적인 부분을 고려해서 (내 직업, 내 직책, 내 자리, 내 관계를 고려해서) 생각하는 그런 착각을 이야기하는 것입니다. 우리는 그런 착각 속에 알게 모르게 살아가고 있습니다. 그런 착각을 가지고 심리 상담을 받고 의견을 구합니다. 결국 그런 요소들이 나를 확실히 안다고 착각에 빠트리는 것입니다.

18.
당신에 대해 누가 가장 알고 싶어 하는가?

최근 나라가 어수선합니다. 운 설계에 관해 글을 쓰면서 가장 많이 듣는 의문이 이 부분입니다. 저의 혼잣말입니다. 오해 없길 바랍니다.

'그래, 나에 대해서는 알았어. 그런데 뭐? 내가 이럴 줄 알았다? 그래서 뭐? 어쩌라고? 이게 나인데, 이게 나란 사람인데 어쩌라고?'

이 책을 활용할 수 있는 또 다른 부분입니다. 나는 그렇다 칩니다. 당신에 대해 누가 가장 알고 싶어 할까요? 남입니다. 다른 사람. 모르니까요? 대통령의 성향이 무엇인지 이제 여러분도 압니다. 이미 방법을 알려드렸습니다. 한번 생각해 보길 바랍니다. 행동이 3번과 같고 마음은 4번과 같습니다. 이 성향의 틀에서 삽니다. 우선 이미지를 생각해 보면 됩니다. 사실 저 도형 이미지가 분석의 시작이자 끝이기도 합니다.

숫자	PHASE	별명	도식	이미지	상징성	해석
3	0	법률가		연못	그릇	보관성
4	1	지배자		산	벽	고정성
4	0	지배자		산	벽	고정성
3	1	법률가		연못	그릇	보관성

대통령의 2016년 차트

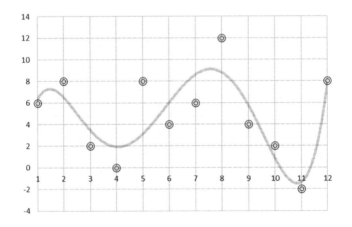

처음으로 공개하는 대통령의 2016년 성향분석 그래프입니다. 차트 가로축 11의 부분이 가장 수치가 낮습니다. 11은 10월에서 11월 정도의 시기라고 생각하면 됩니다. 실제 어떤 일이 일어났는지 여러분도 알 것입니다. 만일 이런 내용을 미리 안다면 대비가 가능합니다. 그래프 그리기는 운 설계자 2편에서 본격적으로 다룰 예정입니다.

그래서 운 설계 생각법은 어쩌면 리더에게 가장 필요한 내용입니다. 사람 관계, 이해관계에 가장 쉽고 즉각적인 통찰을 줄 수 있는 부분입니다. 리더십, 조직 관리, 인사 관리에 필요한 부분입니다. 이유는 앞서 말했듯이 당신을 누가 가장 알고 싶어 하나요? 당신 상사가, 동료가, 조직이, 관계자가 아닌가요?

장 자크 루소의 '에밀' 중 에픽테토스 부분은 한번 생각해 볼 만한 대목입니다.

"사람은 모두 생긴 그대로 있어야 할 것이다. 노예는 학대받고 약한 사람은 괴로워하고 가난한 사람은 죽어 버리면 된다. 상태를 바꿔 봐야 그들은 아무런 득도 없는 것이다. 부자의 괴로움은 그 신분에서 생기는 것이 아니고 그것을 악용하는 부자 자신으로부터 생기는 것이다. 그러나 가난한 사람의 괴로움은 그 처지에서 그를 억누르고 있는 가혹한 운명에서 생기는 것이다. 피로, 소모, 공복에서 오는 육체적인 느낌을 없애주는 습관은 없다. 뛰어난 정신과 지혜도 그가 놓인 상태에서 생기는 괴로움을 피하게 하는 데는 아무런 도움도 되지 못한다. 에픽테토스가 주인이 자기 다리를 꺾으려고 한다는 사실을 미리 알았다 한들 무슨 소용이 있었겠는가? 그것을 알았다 해도 주인은 역시 그의 다리를 꺾었을 게 아닌가? 에픽테토스는 그 사실을 미리 안 것이 더욱 괴로울 뿐이다. 우리는 민중을 우둔하다고 생각하지만 반대로 분별 있는 사람들이라 한들 현재 처한 상태와 뭐가 달라질 것인가? 현재 하는 일과 다른 어떤 일을 할 수 있겠는가?"

—장 자크 루소, 『에밀』

『인튜이션』에서는 '다른 사람들에게는 보이지 않는 것'을 7가지로 봅니다. ① 의식하지 못하는 패턴, ② 변칙, 기대치에서 어긋난 점, ③ 큰 그림(상황인식), ④ 즉흥적 대처, ⑤ 일어난 사건(과거), 일어날 일(미래), ⑥ 너무 미세한 차이, ⑦ 자기 자신의 한계점입니다.

운 설계자가 봐야 할 부분과 생각하는 점이 유사합니다. 저도 이 부분을 찾아내려고 인생을 추적합니다. 추적해야 하는 부분은 패턴, 큰 그림, 과거와 미래, 차이입니다.

19.
통속적인 것은 모두 틀린 것이다

통속적인 것은 모두 틀린 것이다.

—오스카 와일드

공인중개사 시험 20~30대 급증…'취업난' 그림자

— 2016-10-28, SBS

최고 스펙 갖춰도… 간절히 '픽미' 외치는 젊은 세대 '나를 뽑아달라 (pick-me)'는 간절함을 가슴에 품은 '픽미 세대' 젊은이들에게 충분한 일자리가 돌아가지 않는 것은 저성장 시대의 비극이다.

— 2016-11-01, 조선일보

경력 시장마저 채용 한파… 갈 곳 없는 3040 퇴직자

— 2016-10-31, 서울신문

삶을 혁명적으로 바꿀 수 있는 유일한 방법은 독서다.

—황희철

독서도 일정한 나이가 지나서 하면, 창조적 목적이 아닌 다른 쪽으로 정신을 너무 많이 쏟게 한다. 독서를 많이 하면서도 머리를 너무 안 쓰는 사람은 생각이라는 게으른 습관에 빠지게 된다.

—아인슈타인

통속적인 삶을 사는 우리가 흔히 매달리는 것 중 하나가 책과 독서입니다. '독서를 몇 년 했다' '독서를 몇 권 했다'고 하지만 이 부분이 중요한 요소가 아닙니다. 한 권도 안 읽어도 지혜로운 사람이 있고 수 만권, 수년을 읽어도 어리석은 사람이 있습니다. 바로 창조적 목적이 아닌 경우입니다. 내 삶을 혁명적으로 바꿀 수 있는 방법이 오직 독서라고 이야기하는 분의 가장 큰 오류입니다. 이런 분들이 흔히 하는 이야기가 몇 년, 몇 권, 책값에 얼마 투자, 이런 류의 이야기입니다. 하지만 자신의 글에는 독특한 컨텐츠가 없습니다. 창조적 생각을 하지 않고 오로지 책의 내용, 책에 있는 무엇에 열광하면 저런 수치에 목매답니다. 몇 년, 몇 권이 목적이 되어서는 안 됩니다.

그것은 통속적인 것입니다. 저는 최근에 한 권도 안 읽지만 오히려 더 창조적인 생각을 많이 합니다. 독서가 삶을 바꾼 것이 아니라 바뀌고자 하는 자신의 성향이 바꾼 것입니다. 독서는 극히 일부일 뿐, 독서가 아닌 자기 일을 하면서도, 사람을 만나면서도, 학교나 회사를 다니면서도, 하다못해 청소를 하면서도 커피를 마시면서도 바꿀 수가 있는 것입니다.

20.
운 설계자의 잠재성

∞

잠재성

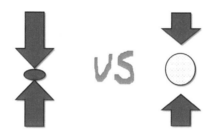

김종국, 운동 열심히 하는 이유 "척추측만증, 이 악물어"

— 2016-11-04 OSEN

대단한 분입니다. 심지어 저보다 나이도 많습니다. 운 설계자가 될 잠재성을 알아볼 수 있는 방법이 있습니다. 저는 운 설계 잠재성에 대해서도 점수를 매겨 두었습니다(추후 출간될 예정입니다). 예를 들면 김종국 씨는 24점입니다. 위 그림에서 보면 상한이 30점이고 하한이 12점일 때 보통 20점 정도를 평균으로 봅니다. 위 그림 좌측이 30점이고 우측이 12점입니다. 좌측에 가까운 성향인 분들과 우측에 가까운 성향인 분들이 있습니다. 좌측에 가까울수록 변화를 갈망합니다. 우측일수록 안정적입니다. 고로 좌측일수록 내 운을, 내 인생을, 내 운명을 개척하려고 합니다.

잠재성 순환

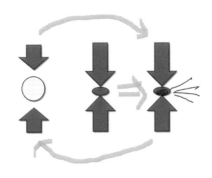

하지만 이 역시 순환됩니다. '변한다'는 소리입니다. 이 순환이 나이별, 시기별 다르게 오고 그에 맞게 변합니다. 위 그림 맨 우측은 결국 '폭발한다'는 뜻입니다. 폭발하는 것은 인생에 몇 번 없을 큰 변화, 기회, 도전을 의미합니다. 그리고 순환되어 다시 잠잠해집니다. 다시 맨 우측이 되고, 모으고 폭발합니다. 예를 들면 그림으로 보자면 중간 즘에 제 인생이 시작되었고 결국 폭발했고 현재 덤덤히 모든 것을 받아들이고 있습니다.

자기 가슴속에 뭔가 꿈틀대고 응어리진 분이 많이 있을 겁니다. 그럴 때일수록 운 설계자가 되어야 합니다. 김종국 씨처럼 척추측만증을 운동으로 근육을 만들어 치료해 버릴 수 있는 잠재성을 가진 분들이기에 더욱 그렇게 살아가야 합니다.

'나로부터 변화' 중 가장 강력한 방법 중 하나는 사는 나라를 바꾸는 것입니다. 이민은 스스로 인생을 변화시켜보려는 최후의 한 수가 될 수 있습니다. 어떤 이민자 인터뷰 기사를 봤습니다.

이민을 선택한 이유는 무엇인가요? 사는 나라를 바꾸는 건 인생을 바꾸는 결정이에요. 한 가지 요인만으로 결정할 수 있는 것은 아니고, 여러 요인들이 합쳐지면서 어떤 임계점을 넘었을 때 결정하게 되는 거라고 생각해요. 더구나 그 결정이 30대 후반의 것이라면요. 그렇다고 만나는 사람마다 모두 다 설명할 수는 없기 때문에, 상대에 맞는 요인을 들어 대답해요. 가령 저랑 정치적 스탠스(입장)가 비슷할 것 같은 사람에게는 '이명박이 싫어서'라고 대답하고요. 보통은 그냥 '프랑스에는 나무랑 새가 많아서'라고 합니다.

—이민자 인터뷰, 김병철

여기서 임계점이라는 말이 나오는데 문제는 이 임계점의 수치가 사람마다 다릅니다. 즉 무작정 따라 하면 안 된다는 소리입니다. 임계점의 수치는 앞서 말씀드린 잠재성의 수치와 매우 밀접합니다.

21.
시간 가는 줄도 모르고

분노·불신·상실감…한국인들 '집단 우울증' 걸렸다

— 2016-11-09, 연합뉴스

때로는 '시간 가는 줄도 모르고' 같은 방법이 해법이 될 수 있습니다.

'독한인생 서민갑부'라는 TV 프로그램을 가끔 보는데 어떤 출연자가 기억이 났습니다. 바로 이 내용입니다.

'시간을 한 2년 동안을 확인을 안 했던 거 같아요. 그냥 계속 햄버거 패티 굽고 맨날 햄버거에만 빠져 있었어요. 그런데 어느 정도로 제가 연구했냐면 시간 가는 줄을 몰랐어요.'

—'독한 인생 서민갑부', 송두학 인터뷰

시간을 확인 안 하면 날짜가 무의미해집니다. 한 분야에만 빠져 있으면 다른 잡생각, 잡념이 사라집니다. '시간 가는 줄을 몰랐다.'

이런 생각은 세상이, 다니는 직장이, 학교가, 장사가, 사업이 어수선해도 자기 일에 몰두하는 것이며 우울증을 겪지 않는 방법이 될 수 있습니다. 저 역시 시간이 가는 줄도 모르고 It Think 브랜드 구축하고 성향 분석하고 이 책을 쓰고 싶습니다. 지인 중 한 명도 50대 늦은 나이에 장사해서 성공 했습니다. 빚내서 장사했고 안정되고 나서 송두학 씨 말과 똑같이 이야기했습니다.

'나는 시계도 안 보고 달력도 안 봤다. 시간 가는 줄도 모르고 장사하다 보니 금세 2년이라는 시간이 흘러 있었다.'

마치 타임머신을 탄 것처럼 2년이라는 시간이 하루처럼, 때론 일주일처럼 느껴집니다. 매일 똑같기도 하지만 그 생활에 빠져들어 살아간 것입니다. 2년 동안 자신의 일, 장사 말고는 전혀 기억나는 것이 없습니다. 때로는 이렇게 시간 가는 줄도 모르고 살아야 합니다. 세상과 담을 쌓기도 해야 합니다. 모든 관계를 끊어야 할 때도 있고 그냥 어떤 일에 푹 빠져 살아야 할 때가 있습니다.

22.
주사위는 던져졌다

∞

주사위는 던져졌다!(라틴어: alea iacta est/alea jacta est). 율리우스 카이사르가 기원전 49년 1월 12일 군대를 이끌고 루비콘 강을 건너 이탈리아 북부로 진격하면서 했던 말이라고 알려진 문장이다. 카이사르는 루비콘 강을 건너면 당시 로마의 국법을 어기는 것이고 다시 돌아올 수 없는 내전으로 치 닫는다는 것을 강조하면서 이 말을 사용했다고 하며 그 이후로 '돌이킬 수 없는 전환점' '다시 돌아올 수 없는 길'을 의미할 때 이 어구를 인용한다. 카이사르는 자신이 좋아하는 그리스 희극작가 메난드로스의 작품에서 이 구절을 인용했다.

—위키백과

살면서 이런 승부를 걸 때가 종종 있을 것입니다. 흔히 인생의 기회, 인생의 승부수, 찬스, 저는 '그때'라는 말을 자주 씁니다. 돌아올 수 없는 루비콘강을 건넌다는 것. 운 설계를 하기 위해선 어쩔 수 없는 상황입니다. 저 역시 2016년 주사위를 던졌습니다. 돌이킬 수 없지만 태양은 언제나 다시 뜬다는 기대를 합니다. 미국 대선은 트럼프와 힐러리의 대결이었습니다. 사실 제가 이 결과를 미리 알았다 해도 담담합니다. 누가 될 것이라고 예측한다고 한들 사실 50:50입니다. '모' 아니면 '도'입니다. 꼼수 좋게 어디 투자하고 돈을 벌고 저는 그런 사람이 못됩니다. 그래서 대선 1:1 비교는 그동안 미뤄왔던 부분이기도 합니다. 또한 대선은 너무 긴 시간입니다. 사실 운 설계자 1편도 대선 1:1 대결의 결과와 시기를 맞추려 했습니다. 그리고 트럼프 당선을 보면서 '저질화된 정보'에 무방비로 노출되어 '점점 평균적으로 무지'해지는 저 스스로를 반성하는 계기로 삼았습니다.

대선 같은 방식의 1:1 선택처럼 운 설계자 기법을 활용할 수 있는 곳은 흔히 기업 인사, 스카우트, 인재영입, 선수 영입 등 다양한 분야에서 가능합니다. 누가 CEO가 되느냐? 누굴 팀장으로 하느냐? 어떤 직원을 뽑느냐? 어떤 선수를 뽑느냐? 최종 승부는 언제나 1:1이 됩니다. 이 후보의 장단점, 저 후보의 장단점, 고민하고, 고민해보지만 모를 것입니다.

지금까지 운 설계자가 되기 위한 과정에 대해 여러 매체를 인용하여 이야기했으며 이를 통해 여러분도 태양을 선택하기 위해 던진 주사위의 결과를 볼 수 있기를 바랍니다.

5.

'It Think'
프레임으로 본
운 설계자
활용법

1.
공부하기 곤란한 자들을 위한 공부법

'공부법'이란 분야는 아마도 입시나 시험이 없어지지 않는 한 계속될 듯합니다. 다음 소개하는 내용은 5명의 작가 일수도, 5개의 유형일 수도 있는 책입니다. 선정한 책은 그동안 스테디셀러 중에 골랐으며 여러 가지 성향 유형을 고려하였습니다. 제가 공부법을 이야기하기엔 책의 저자들과 같은 신화적, 드라마틱한 반전 스토리는 없지만 운 설계를 활용할 수 있는 방법은 알고 있습니다.

책을 보면 100% 다 뭐라고 이야기합니까?

황농문 – 몰입, 조승연 – 그물망 공부법, 사토 야마토 – 꼼수 공부법, 마유 – 7번 읽기 공부법, 강성태 – 공부의 신

공부 못 했다-방법을 알고-잘했다. 이 논리입니다. 저는 솔직하지 못하다 생각합니다. 공부를 잘하는 줄 몰랐다-어떤 계기로 잘하게 되는 방법을 터득하고-실제로 노력해보니 그 결과 합격과 성공을 했다. 이것이 제가 생각하는 논리입니다. 결국 결과입니다. 만일 저분들의 업적, 성과가 없다면 아마 저 책들도 없었을 것입니다.

미리 문제 하나 냅니다. 공부법은 딱 한 줄로 설명됩니다. 무엇일까요?

저는 암기도, 집중도 못하는 사람입니다. 2016년 40세입니다. 평생 시험을 잘 쳐본 적이 없습니다. 그런데 입시, 대학생활, 회사에 가면 시험, 무슨 자격시험, 진급시험을 치라고 하니 얼마나 괴롭겠습니까? 특히 토익 스피킹 점수 커트라인 이하는 진급 자격 미달이었습니다. 미치고 환장할 노릇입니다. 이 모든 과정을 겨우 버티며 지냈습니다. 저에게 맞는 공부법은 없습니다. 아니 공부는 좋아합니다. 저에게 맞는 시험 잘 치는 법이라고 하겠습니다. 제가 좋아하는 공부는 시험 안 치는 공부입니다. 그런데 이제는 공부, 시험법을 알았습니다. 그 비법은 딱 한 줄이라 했습니다.

'자기가 좋아하는 걸 하면 됩니다.'

허무하나요? 시험을 못 치는 이유도, 특정 분야의 공부가 하기 싫은 것도 다 자기가 좋아하는 것이 아니기 때문입니다. 반론이 많습니다. 자기가 좋아하는 것만 하면 시험을 어떻게 치나요? 그 부분이 저 5인의 '공부 머신'들이 이야기하는 내용의 요지입니다. '공부를, 시험을, 그 과정을 사랑하라'입니다. 다시 자신에게 묻겠습니다.

'그럴 수 있겠습니까?'

저는 못합니다. 한 번인 소중한 인생 이제 제가 하고 싶은 공부하고 살겠습니다. 시험도 자격도 다 싫습니다. 그냥 스스로 기준에서 자격이 되면 됩니다. 누구의 허락, 승인은 필요 없습니다. 40년을 사회적 구속과 자격의 기준에 목매어 살아왔는데 또 20년(정년 60세)을 그렇게 살아간다고 생각하면 슬픕니다.

이것이 포인트입니다. 시험에서 벗어나는 공부가 재미있습니다. 이 공부라는 말은 종합적인 뜻입니다. 모든 분야에서 배우고, 익히고, 써먹고, 알아가는 모든 일의 합입니다. 입시시험이 아니라는 것, 토익, 진급, 자격증 시험은 더욱 아닙니다. 흔히 '공부 머신'들은 저 분야를 '재밌다, 사랑한다, 좋아한다'고 생각해버려서 성공한 분들입니다. 그 지옥 같은 입시, 토익, 대학 중간고사, 진급, 각종 자격증, 특히 사법 시험, 공무원 시험을 '아~ 재밌구나, 좋구나.'라고 생각했기 때문에 가능한 이야기입니다.

'할 수 있겠습니까?'

이제부터 하나씩 책을 살펴보겠습니다.

'몰입'이라는 코드로 아마 한국 내에 가장 성공하신 분이 황농문 교수님일 겁니다. '몰입=황농문'이 성립해버릴 정도입니다. 공부의 기본은 몰입, 집중입니다. 이건 누가 뭐라 해도 부정할 수 없습니다. 외우고, 이해하는 두뇌 가동의 기본이 되는 부분이 바로 목적 대상에 대한 집중입니다. 그럼 제가 이렇게 묻습니다. '황 교수님의 성향 유형이 뭘까요?' '몰입을 잘하는 성향일까요?'

당연합니다. 저의 성향분석은 어김없이 그렇게 분석됩니다. 성향의 타고남이 '어쩌면 전 일생을 좌우할 수도 있겠구나!' 라는 생각이 들 때마다 저는 두렵기까지 합니다. 왜 황 교수님은 몰입이라는 코드에 꽂히셨을까요? 자신이 해보니 잘 되고 뭔가 결과가 나오고 결국 학자로서 성공했습니다. 다시 이야기해보겠습니다.

'자신이 해보니 잘 안되고, 결과도 안 나오지만 그래도 여러분 몰입을 해야 됩니다' 라고 이야기하고 다닐 교수가 있나요? 그럼 왜 하필 몰입일까요? 5명의 저자들이 다 몰입을 이야기하지만 몰입에 특화된 분입니다.

5권의 저자들은 공부를 이렇게 정의 내리죠. 황 교수님은 '몰입'이라 합니다. 조승연 씨는 뭐라고 합니까? '그물망'이라는 단어를 쓰죠. '토탈 인텔리'라고 합니다. 이 단어도 신조어 같습니다만 야마토 씨는 교활함을 이야기합니다(이 책의 일본어 제목은 『교활한 공부법』입니다). 그리고 마유 씨는 7번을 이야기하죠. 7번 읽기는 일본어 제목이 같네요. 강성태 씨는 공신을 이야기하죠. 공신은 공부를 정말 잘하는 사람입니다. 신이 되려면 어떻게 하나요? 미치거나, 불행과 역경을 이기고, 어마어마한 에너지를 내야 합니다.

공부라는 한 가지에 대한 각자가 생각하는 일종의 5개 메타포(은유)입니다. 'A는 B다'는 식의 어법을 말합니다. 즉 공부는 몰입이다. 공부는 그물망이다. 공부는 꼼수다. 공부는 7번 반복이다. 공부는 공신이다. 뭐가 마음에 드나요? 저는 그물망에 조금 끌리기도 합니다. 숫자 더하기를 해보시면 책 내용이 얼마나 저자의 성향과 유사한지를 알 수 있을 겁니다.

황 교수님이 몰입이라는 메타포를 쓰는 이유는 교수님 성향이 어린 시절 9와 4를 거쳐 연구의 절정기인 중년에는 8과 3이 나옵니다. 8과 3의 조합은 말 그대로 끝없이 내면으로 파고드는 성향으로 해석이 가능합니다. 8은 봉사자입니다. 3은 법률가입니다. 이런 해석이 기존에 제가 이야기하는 1차적 해석입니다. 2~3차로 넘어가면 조합을 고려한 해석이 나옵니다. 즉 8, 3이 조합되면 8는 땅이고 3은 연못이자 그릇인데 땅 아래 그릇입니다. 땅은 받아들입니다. 그릇은 담아냅니다. 외부로 오는 모든 것들을 받아들여 내면에 담아냅니다.

뭐가 생각나나요? 바로 명상입니다. 명상은 몰입, 몰입은 집중, 집중에서 이어지는 뇌세포의 연결, 조승연 씨의 그물망 같은 개념의 창의, 창조, 굿 아이디어. 끝없이 생각을 연결할 수 있는 몰입은 학자에게 너무도 좋은 성향입니다. 저도 글을 쓸 때는 자주 이런 경험을 합니다. 낮에 노트북을 보다가 '앗' 하면 밤입니다. 글을 쓰다가 '앗' 하면 3시간이 휙 지납니다.

교수님은 어린 시절 열정과 에너지가 넘쳤지만 조금 소극적이고 소심했을 겁니다. 그래서 한가지 파고드는 연구, 학자의 길을 택했을 것입니다. 그런데 이게 너무 재미있는 겁니다. 오직 하나만 파고드는 것을 사랑하게 됩니다. 그리고 성공 스토리가 펼쳐집니다.

야마토 씨의 2차적 해석은 어떨까요? 6은 물이고 3은 그릇입니다. 어린 시절에는 재주를 내면에 잘 담아두는 절제된 모습이 그려집니다. 이 재능이 20대에 드디어 폭발합니다. 그 해석이 혁명이라고 할 때 '혁'입니다. '혁'이란 그릇을 뒤집어엎는 빛의 힘입니다. 빛은 5입니다. 밥상을 엎은 보습 그려보면 됩니다. 흔히 우리가 화나면 '밥상을 엎는다' 할 때 그 느낌입니다.

결국 사소한 밥상 엎기도 크게 표현하자면 혁명이라는 말의 '혁'과 뜻이 같습니다. 3번 그릇은 내가 가진 현재입니다. 나의 기준이자, 현재의 '나'라고 생각하면 됩니다. 그것을 5번 나의 이론과 논리, 즉 공부한 것들로 뒤집는 것. 사법 시험 합격. 변호사되기. 반전이 상상되나요? 즉 내 현실의 반전, 나만의 혁명, 자기 혁명, 자아 폭발, 현실 탈출이라고 표현할 수 있습니다.

이런 야마토 씨는 공부를 '교활하다, 꼼수'라 이야기합니다. 야마토 씨 성향에 꼼수가 뭘까요? 교활한 사람은 어떤 재능이 있을까요? 머리가 일단 좋아야 합니다. 남의 마음을 잘 읽어내야 합니다. 또는 전략적이기도 합니다. 또는 자신의 이익을 따집니다. 내 것 위주로 생각한다는 뜻입니다. 첫째 야마토 씨는 5번, 빛, 즉 공부에 대한 재능이 있습니다. 둘째 야마토 씨는 6번 물, 감정, 창조, 남의 마음을 잘 읽습니다. 셋째 그는 빛, 머리 좋은 전략가입니다. 넷째 그는 3번 그릇, 자신의 것이 분명한 사람입니다. 이런 2차 3차까지 가는 연상 해석법은 재미있습니다. 적절한 비유로 접근하면 됩니다.

1차 해석을 법률가, 지성인 등 이런 표현이 이해하기가 쉽습니다. 야마토 씨는 '창의성이 풍부한 법률가 유형이다.' 라는 정의와 '물을 담은 연못이다.' 라는 차이로 받아주면 감사합니다.

조승연 씨는 공부를 그물망이라고 합니다. 저는 이 분이 다른 저자와 달리 매우 독특한 유형으로 보입니다. 제 성향에 가장 가까운 분이기도 합니다. 요즘 방송도 자주 출연합니다. 조승연 씨의 인생 이야기를 잠깐 언급 드립니다.

1981년에 태어나 중학교 2학년 때 미국으로 유학을 갔습니다. 고등학교 2학년 때 미국 고등학생 문예지에 영시가 실렸으며, SAT-II 작문과 독해 부분에서 만점을 받았습니다. 미국 뉴욕대 경영학과인 스턴

비즈니스 스쿨과 줄리아드 음대 이브닝 스쿨을 다니고, 졸업 후에는 파리로 건너가 소르본느 대학에서 프랑스 어를 공부했습니다. '에꼴 뒤 루브르'에서 중세 그림을 전공했으며, 미술사와 경영학을 공부하던 중 젊은 미술가 집단인 앤드 스튜디오를 열었습니다. 더치 셸과 필립스 전자가 후원하는 영국의 경영 컨설팅 및 리더십 교육 회사인 UZEN(UnFrozenMind)사의 최연소 상임 이사로 근무했습니다. 언어에 관심이 많아 영어는 물론, 이탈리아 어·독일어·아랍 어로 의사소통을 할 수 있고, 영어 고어·프랑스 어·고대 그리스어·라틴어로는 책을 읽을 수 있으며, 히타이트어·중세 아랍어·쐐기 문자도 공부하고 있습니다. 대학생 때 펴낸 『공부 기술』이 베스트셀러가 되어 주목을 받았으며, 그 뒤로도 『생각 기술』, 『나는 맹수의 눈을 갖게 되었다』, 『르네상스 미술 이야기』, 『비즈니스 인문학』, 『어린이 인문학』 등을 펴냈습니다

—『조승연의 영어 공부 기술』 내용 중 발췌

이 대목을 보면 '언어에 관심이 많아'라는 말이 나옵니다. 언어 천재라고 합니다. 가만 생각해 보니 TV 예능 프로그램에서도 외국어로 개인기 하던 분입니다. 방송인입니다. 공부를 그물망이라고 하고 그래서 '토탈 인텔리'가 되자고 주장합니다. 즉 요즘 유행하는 '지대넓얕' 주의자입니다.

왜일까요? 그는 바람의 사나이입니다. 어쩌면 폭풍 같은 2입니다. 2는 소통가, 소통가는 말, 말은 언어력입니다. 연상 해석법입니다. 소통은 이것과 저것은 연결, 연결은 또 다른 연결, 즉 그물 같다는 말입니다. 또 하나 더 나갑니다. 그는 어떻게 그런 업적을 이뤘을까요? 2번, 소통가, 바람을 뒷받침해주는 1의 능력자이자 4번 산을 가

진 자이기도 합니다. 그 재능이 20대에 꽃피웁니다. 저도 그물망처럼 공부합니다. 하지만 조승연 씨와 다르게 언어에 능통하지 않습니다. 영어도 싫어합니다. 그리고 사회적 성공도 못 했습니다. 이 차이는 다음에 또 하겠습니다.

황당할지 모르지만 이런 책도 있습니다. 『책, 열권을 동시에 읽어라』(나루케 마코토)라는 책입니다. 이해 불가하신 분들은 2, 6번 성향이 적은 분들입니다. 다만 이 책은 조금 과합니다. 원래 자기계발서는 제목이 격합니다. 마유 씨의 '7번 공부법'도 맘 같아서는 700번이라고 쓰고 싶었을 겁니다. 저도 예전부터 3권 정도를 동시에 읽습니다. 거의 동시에 읽는 방법은 2단 독서대에 아래쪽과 위쪽에 각각 다른 책을 펼치고 봅니다. 지금도 사무실에서 보는 책, 집에서 보는 책이 다릅니다. 저는 이 제목 보고 반갑기도 했습니다.

다음은 '7번 읽기' 공부법의 마유 씨입니다.

"7번 읽기 공부법에 타고난 능력은 필요치 않다. 나 역시 속독이니 사진기억술(photographic memory) 같은 특수한 능력은 없다. 책에도 강조했지만 7번 읽기 공부법에 필요한 것은 '향상심'뿐이다. 같은 책을 계속해서 읽는 행위는 지루하지만 '전에 읽었을 때보다 쉽게 이해되었다' 하는 식으로 발전을 실감할 수 있다면 누구든 가능하다."

—중앙일보, '공부의 신'이 된 그녀 내용 중 발췌

뭐라고 합니까? '향상심'이라는 표현을 씁니다. 향상심의 뜻은 향상되고자 하는 마음입니다. 영어사전을 보면 'a desire to improve oneself, aspiration, ambition'이라고 합니다. 사이토 타카시 씨가 쓴『곁에 두고 읽는 니체』라는 책을 보면 '향상심'을 언급합니다.

> 한 발의 화살이 되어라, 내일을 향한 화살, 자화자찬의 힘, 분노의 불
> 꽃으로부터 도망쳐라, 자기 삶에 박수를 쳐라, 들판의 무소처럼 혼자
> 살아라, 더 크게 기뻐하라, 향상심이 없으면 죽은 인간이다, 그대의
> 고독 속으로 도피하라.

—『곁에 두고 읽는 니체』 내용 중 발췌

마유 씨의 2차적 해석 의미가 바로 끝없는 향상심을 위한 인생
여정입니다. 어린 시절 향상심의 언밸런스는 일종의 콤플렉스입니
다. 20~30대 빛을 발휘합니다. 20대 큰 성공을 거둔 듯하지만 사실
은 이제부터 성공으로 가고 있습니다.

> 공부를 좋아하지 않는다고 했는데, 지속해 올 수 있었던 힘은 뭔가.
> "어릴 때 콤플렉스의 결정체였다. 운동도 못했고, 예쁘지도 않았다.
> 과학 시간에 '달 표면은 울퉁불퉁한 크레이터로 형성돼 있다'라는 설
> 명이 나오면 모두들 나를 돌아볼 만큼 여드름으로 고생이 심했다. 그
> 어떤 방면으로도 주목받을 능력이 없어, 공부에 모든 것을 걸기로 결
> 심했다. 그 의지가 나를 여기까지 이끌어온 힘이다."

—마유 씨 인터뷰 내용 중에서

당연하겠지만 '의지'를 이야기합니다. 모든 것을 걸 만큼 공부에
대한 의지가 강합니다. 좀 극단적입니다. 비슷한 형은 3, 4, 5번 그
리고 만일 미칠 수 있다면 7, 9번에게 어울리는 방식입니다. 이 유

형 중 극단적인 유형이 4, 7번입니다. 뭐든 끝까지 가야 직성에 풀립니다. 특히 7번 선구자를 저는 '또라이'로 표현합니다. 마유 씨 방식은 아예 통째로 복사해버리는 무시무시한 방법입니다. 또라이입니다(욕이 아닙니다. 과격한 표현일 뿐입니다). 상식을 벗어나죠. 저자는 아예 '공부 머신'입니다. 직업도 변호사. 이 방법이 딱 자신의 성향입니다.

마유 씨는 7번 유형입니다. 하지만 공부 절정기일 때 4번으로 변합니다. 어릴 때 7번의 미칠 수 있다면 백 번이든 천 번이든 도전하는 선구자 유형이 20대가 되면서 4번 지배자로 바뀝니다. 집념의 4, 공부하기 딱 좋은 성향입니다. 인터뷰 내용과 유사합니다. 마유 씨의 7은 벼락이고 4는 산입니다. 7을 선구자라고 말씀드렸는데 그게 바로 향상심입니다. 4를 지배자라 말씀드렸는데 그게 바로 의지와 집념입니다. 사실 이 둘의 성향이 부딪치면 언밸런스한 성향이 됩니다. 즉 콤플렉스 결정체가 될 수 있습니다. 마유 씨도 인터뷰에서 그런 언급을 한 것 보면 사실 일 듯합니다. 그래서 부작용으로 20대가 좋지 않게 풀릴 수 있습니다.

하지만 마유 씨는 에너지를 좋은 쪽으로 씁니다. 이것이 포인트입니다. 콤플렉스를 전환 시킨 것. 이 부분이 마유 씨의 이른바 '운명의 공전 궤도'조차 바꾼 힘입니다. 그 힘은 7번, 벼락 성향이 큰 역할을 한 듯합니다. 궤도 수정을 일종의 벼락으로 날려버린 느낌입니다. 성공의 방법은 다양합니다. 자신의 성향을 바꾸는 방법을 스스로 깨우치는 분도 그 중 하나입니다. 이런 분석을 할 때마다 느끼는 부분입니다. 이런 성향은 아마도 '7번 읽기' 공부법에 끌릴 겁니다. 하지만 없더라도 마유 씨의 책이 많이 팔리는 이유를 저는 알고 있습니다. 무엇일까요?

세상은, 사회는, 많은 이들의 통념은, 이런 의지, 노력, 향상심을 알게 모르게 강요하고 있습니다. 그래서 대부분 사람이 은연중에 그렇게 생각하고 있습니다. 하지만 모두가 실행하지는 못합니다. 그게 성향 차이인 것입니다. 야구선수 이승엽 씨도 의지, 노력의 대표라 할 수 있습니다. 그는 평소에 이런 말을 자주 씁니다. '혼을 담은 노력은 배신하지 않는다.' 수저 계급론처럼 유행어가 또 하나 있습니다. '노력'을 길게 발음한 '노오력'은 노력만 강조하는 기성세대에 대한 비판과 함께 아무리 노력해도 변화가 없는 사회를 풍자하는 단어입니다. 그냥 유행하는 말들이 아닙니다. 갈수록 노력해도 안 되는 사회가 오고 있습니다. 우리는 이미 느끼고 있습니다.

즉 아무리 '7번 읽기'를 해도 안 되는 사회적 구조 속에 살고 있다는 생각이 듭니다. 기존 가치관, 기존 제도권, 즉 타고난 재산, 지위가 이미 차별을 만들어버립니다. 내가 아무리 월급을 모아도 집 한 채 사는 것이 얼마나 힘든지, 차 한 대 사는 것이 얼마나 힘든지, 평범한 집 가장이라면 느낄 수 있습니다. 갈수록 힘들어집니다. 월급은 그 달에 사라지고 마이너스만 안 돼도 행복하다 생각합니다. 그래서 역설적으로 사회생활이 힘드신 분 중에는 1, 3, 4, 7, 9번 유형도 있습니다. 이 유형들은 '노력'을 하면 될 것이라 생각했는데 '노오력'을 해도 안 되는 세상이라 생각할 겁니다. 제가 위안을 드리자면 그나마 이 성향 분들이 다른 성향보다는 사회적 돈과 명예를 가지기 쉽습니다.

마지막으로 저는 강성태 씨의 공신 닷컴에 대해 알아보고 놀랐습니다. 아무리 봐도 '겟 머니(get money)'가 목적이 아닌 것처럼 보입니다. 사이트를 보니 무슨 유료, 무료에 대한 조건이 꽤 복잡해 보입니다. 아마도 강성태 씨의 고민일 것입니다. 사실 완전 무료로 하고 싶을 겁니다. 하지만 먹고 사는 것은 유지해야 합니다. 이 부분이 '딱' 걸립니다. 신기합니다. 저는 이 분이 기업을 만들었다는 이야기를 듣고 '돈을 긁어 모은다'고 생각했습니다. (많은 학원, 강사들이 해 온 방식으로) 하지만 이 분은 다릅니다. 괴짜입니다. 사회적 기업을 지향합니다. 저와 생각이 유사합니다.

저는 '이제야' 알았습니다. 강성태 씨의 성향을 2차 해석해보면 그가 왜 사회적 기업에 그토록 연연하는지 알 수 있습니다. 그의 20~40대는 8번 봉사자의 성향이 지배적입니다. 사실 사회적이란 것과 기업이라는 말은 언밸런스입니다. 안 맞는 겁니다. 하지만 그런 기업들이 존재합니다. 기부라는 혁신적 제도가 그걸 유지해줍니다. 저도 'It Think' 브랜드를 앞으로 이런 식으로 사용하고 싶습니다(아직은 먹고 사는 문제가 걸려있습니다). 다만 기부를 받습니다. 가진 것이 많은 분이 나눠주면 됩니다. 이 부분이 사실 애매합니다. 가진 것이 많은 분 중에는 나눠 주길 싫어하는 사람들이 더 많습니다. 이유는 간단하죠. 많이 가졌다는 것은 평생 안 나눠준 것일 수 있습니다. 나눠줄 이유가 없다고 생각합니다.

하지만 제가 자주 이야기하는 부분입니다. 변합니다. 본성에 자꾸 성향이 더해집니다. 그렇게 사람은 변합니다. 죽도록 모으다가 '빵'하고 변합니다. 사람의 변화를 추적하는 저 같은 사람에게는 이 부분이 쾌감으로 다가옵니다. 그래서 기부가 통합니다. 그런 분들이 있습니다. 강성태 씨 또한 이런 스토리가 있습니다.

원래 공부를 잘하던 학생이 아니었다. 고교 입학시험 점수는 전교 꼴

찌에 가까웠고, 고2 때까지도 어떻게 공부해야 할지를 몰라 갈팡질팡했었다고, 이후에 엄청난 노력으로 성적을 올렸지만 피부병을 앓아 자퇴를 고민했을 정도로 힘들게 공부했다고 한다. 민감한 피부 때문에 겨울에 교실에 히터를 틀어놓으면 몸에 반점이 돋고 피부가 찢어질 듯한 고통을 느꼈다고. 그가 시험을 보던 당일, 고사장에서는 히터를 거의 틀지 않았고 만점에 수렴하는 점수인 396점을 받고 서울대학교에 들어간다.

—강성태 씨 생애 나무위키 내용 중 발췌

모든 공부법의 저자들과 유사합니다. 앞서 말했듯이 제 기준으로 보면 공부를 잘하는 줄 몰랐습니다. 어떤 계기로 잘하게 되는 방법을 터득하고, 실제로 노력해보니 그 결과 합격과 성공을 했다는 것입니다. 이것을 저는 사실로 봅니다. 부디 이런 드라마 같은 스토리에 현혹되지 않기 바랍니다. 저는 이번 기회로 사회적 기업을 좋아하게 되었습니다. 그러니 아래 내용은 그를 비판하는 게 아닙니다. 강성태 씨는 여러분이 공부를 못하는 이유는 핑계를 대고 공부를 안 했기 때문으로 이야기합니다.

맞는 부분입니다. 하지만 왜 안 할까요? 수많은(저 포함해서) 공부를 안 한 분들은 공감하실 겁니다. 정말 하기 싫습니다. 아닌가요? 어떤 핑계를 대서라고 하기 싫습니다. 정말 죽어도 하기 싫죠. 싫은 것은 싫은 겁니다. 제가 이전 글에서 이미 언급 드렸습니다. '하기 싫은 것도 하고 싶도록 만드는 것이 합격과 사회적 성공을 보장한다'라고요.

그게 왜 기준인가요? 예를 들면 공부가 하기 싫은 사람은 안 해도 사회적 성공이 가능해야 합니다. 운동, 예체능으로 단순히 생각하지 않습니다. 저는 이 부분을 말씀드리고 싶습니다. 왜 공부가 하고 싶고, 왜 공부가 하기 싫을까? 어릴 때 성향이 영향을 끼치는 것일까? 가정 환경적 요소를 제외하고 입시 공부란 정해진 룰(Rule)이자 폼(Form)이란 것을 압니다.

즉 정해진 범위, 정해진 내용에서 나오는 정해진 답을 골라야 합니다. 일종의 룰과 규칙입니다. 법칙과 제도입니다. 그게 성향적으로 안 맞는 사람이 있지 않을까? 9가지 성향이 있습니다. 앞서 이야기했습니다. 좀 더 복잡하게 해석하면 81가지 성향이 있습니다. 이 조합을 하나씩 보면 1번은 공부의 룰을 이겨냅니다. 2번은 50% 갑갑해 합니다. 50%는 다양한 공부 분야로 이겨냅니다. 3, 4, 5번은 다 좋아합니다. 6번은 재주, 재능으로 이걸 보완합니다. 7번은 50% 매우 싫어합니다, 50%는 집중으로 이걸 보완합니다. 8번은 다 받아들입니다. 9번은 50%는 딴짓하고 50%는 열정으로 이겨냅니다.

그러면 나머지 2, 7, 9의 50%가 남습니다. 즉 이런 성향을 가지면 유년 시절에 그토록 공부하기 싫을까요? 핑계를 댄다고 합니다. 핑계는 자기 변명입니다. 변명은 어떤 잘못이나 실수에 대해 구실을 대며 그 까닭을 말하는 겁니다. 변명은 원인에 대한 결과를 설명하는 겁니다. 원인을 받아들이는 사람은 1, 3, 4, 5, 6번입니다. 다시 역으로 생각해보면 변명을 잘 말하지 않습니다. 결과적으로 학창 시절에 공부를 하고 싶어 할 확률이 높습니다.

반대로 원인을 밝히려는 사람이 있습니다. 변명을 잘 댑니다. 고로 공부를 하고 싶지 않을 확률이 높습니다. 2, 5, 9형의 사람들입니다. 자 다시 보겠습니다. 2번의 변명은 말만 앞섭니다. 9번의 변명은 잘난 체를 하죠. 7번의 변명은 즉석에서 지어냅니다.

그래서 이 변명을 억제할 성향 조합이 나타납니다. 즉 행동의 1~9, 마음의 1~9, 9가지 × 9가지= 81가지입니다. 하지만 그것조차 억제 못하는 분이 있습니다. 제가 그렇습니다. 변명을 억제할 성향이 부족했습니다. 그냥 변명이 익숙해져 버렸습니다. 하지만 다른 방식의 공부는 좋아하지 않을까요? 인생 공부, 세상 공부, 사람 공부 등(시험공부를 제외한). 그래서 그런 공부를 빨리하면 할수록 도움이 됩니다. 그런 공부를 빨리한 분이 성공합니다. 그런 공부를 빨리하겠다고 스스로 생각해야 합니다.

저는 스스로 몰랐습니다. 그냥 입시제도, 대학, 또는 자격증에 목매어 살았습니다. 그래서 늦었습니다. 이제서야 이런 글을 쓰는 이유이기도 합니다. 이해되나요? 자신이 변명을 잘하는 사람인지, 자신이 변명을 억제할 성향이 있는지 없는지, 그래야 일찍 자신의 길을 찾습니다. 늦더라도 자신의 길을 찾을 수 있습니다.

아니면 공부와 입시와 입사에 좌절하고, 자존감 없는 삶을 살 것입니다. 아니면 실직과 퇴직에 절망하는 삶을 살 것입니다. 입시와 입사와 퇴사가 마치 인생의 전부인 것 마냥.

2.
독서 하기 곤란한 자들을 위한 독서법

∽

역시 저의 논리대로라면 독서도 성향에 맞는 사람이 있습니다. 그 방법 또한 성향에 맞춰 해야 합니다. 독서법 하면 국내에 '거물' 두 분이 있습니다. 『리딩으로 리딩하라』의 이지성 작가님과 독서와 관련해 많은 책을 출간한 김병완 작가님이 있습니다. 저도 알게 모르게 두 분의 영향을 받았습니다. 두 분의 책들을 30대에 읽었습니다. 제가 말씀드리는 부분은 '이런 독서법을 해라!'가 아닙니다. '왜 독서법이 필요한가? 내게 맞는 독서법이 있는가?' 입니다. 결론은 없습니다. 그냥 자기 하고 싶은 대로 읽으면 됩니다.

제발 부탁드립니다. 꼭 인문고전을 읽어야 하고 꼭 '초의식 독서'와 같은 이런 방법을 써야 제대로 하는 독서가 아닙니다. 모든 작가의 성향은 자신의 책에 그대로 나타납니다. 이제는 공감될 겁니다. 독서법의 저자들도 마찬가지입니다. 저자의 주장은 그냥 그들의 성향입니다. 그와 성향이 맞는 분들은 도움이 되지만 안 맞으면 아닌 겁니다. '옳고 그르다'의 문제가 아닌 '다르다'의 문제라고 말씀드립니다. 인문고전 읽어 봤습니까? 한 줄 한 줄 필사해 봤습니까?

그렇다면 제대로 된 독서법은 무엇인가요? 책 읽는 방법으로 속독법, 패스트리딩, 실용독서법 등이 나오고 있는데 모두 좋지 않아요. 책으로도 출간한 적이 있지만 '초의식 독서법'이 많은 도움이 된다고 생각해요. 초의식 독서법은 다산 정약용 선생의 '초서 독서법'에서 고안해 낸 방법인데, 중요한 내용을 손으로 쓰면서 자신의 것으로 만드는 것을 말해요. 선조들의 독서법이죠. 초의식 독서법은 읽고 생각하고, 의식을 확장해 한 문장으로 요약하는 방법이에요. 한 권의 책을 읽으면서 자신의 기준을 세우고, 기준에 맞는 부분은 뽑아서 적되, 그렇지 않은 것은 적지 않고 넘어가는 거죠. 이런 방법으로 책을 읽다 보면 의식이 확장되어 사고가 단단해질 거예요. 책 한 권을 한 줄의 문장으로 요약할 수 있어야 '제대로 된 독서를 했다'고 할 수 있어요.

—김병완 작가님 인터뷰 내용 중 발췌

저는 당연히 모든 방법을 다 해봤습니다. 됩니까? 제 성향에는 안됩니다. 그럼 되는 사람은? 그런 성향입니다. 현재 저는 어떻게 독서 할까요? 저에게 맞는 방법대로 합니다. 고로 추천하는 방법은 아닙니다. 자신의 방식을 대중에게 추천하는 분들 성향이 뭘까요?

연못의 성향, 그릇의 성향. 3번 법률가 유형입니다. 산의 성향, 4번, 지배자 유형입니다. 책을 고를 때 저자의 인생 스토리를 보고 구매하면 100% 실패할 확률이 높습니다. 그건 자기가 못 이룬 것에 대한 일종이 '로망' 입니다. 베스트셀러 작가들은 대부분 엄청난 반전의 이야기를 하나씩 가지고 있습니다. 이야기의 속성은 변형과 각색입니다. 그래야 재미있습니다. 만일 제 소개를 한다면 이와 유사하게 할 수 있습니다. 과연 제가 그렇게 할까요? 물론 저도 제 인생

이야기에 MSG(양념, 각색)를 쳐보고 싶었습니다. 그래서 초기 블로그에 쓴 글에는 이런 요소들이 묻어납니다. 이야기의 기본입니다. 어쩔 수 없습니다. 머릿속 내용이 글로 변하는 순간 '뻥'이 첨가되는 것은 사피엔스의 본능입니다. 다만 '최소화 하느냐!'의 문제는 개인의 양심의 문제이지 누가 알 수도 없습니다.

독서법, 공부법이란 무엇일까요? 기타 성공, 리더십도 마찬가지입니다. 그래서 자기에게 맞는 것을 선택해야 하고 이도 저도 아니면 하고 싶은 대로 해야 됩니다. 하지만 우리는 베스트셀러 책을 읽고 유명한 강사의 강연을 듣고 따라해보면서 자기계발을 합니다. 해보세요. 힘듭니다. 항시 이렇게 이야기합니다. 때로는 목숨을 걸어야 하고 인생을 다 바쳐야 합니다. 자, 중요한 포인트를 하나 말씀드립니다. '나는 책을 읽었다.'의 기준이 책값을 얼마나 쓴 것이 기준이고 책 읽은 권수가 기준입니까? '내가 천만 원치 책을 샀다.' 이 표현은 '내가 읽었다'인가요? '내가 천 권의 책을 읽었다.' 이 표현은 '정말 읽었다'인가요?

저도 수천 권은 읽었을 겁니다. 하지만 몇 권인지 모릅니다. 꽤 많은 돈을 썼지만 얼마를 쓴 지 모릅니다. 안 세어보고 계산을 안 해 둡니다. 그걸 왜 세어보고 계산하나요? 무슨 꿍꿍이, 좋은 말로 목적이 있지 않은 이유가 있나요? 그 목적이 뭘까요? 책값을 계산해두고 책 권수를 세어보는 목적. 분명 해본 분은 목적이 있었습니다. 안 해 보는 분은 목적이 없습니다. 그리고 목적을 세운 독서가 '위대한 독서법'이라고 또 우리를 현혹합니다.

목적을 위한 목적은 아닌가요? 저도 20대 시절 책 권수를 세며 독서한 적이 있습니다. 점점 어떻게 될까요? 책 권수에 집착합니다.

오늘 1권을 읽어야 하고 이 달에 5권은 더 읽고 그래서 1년에 300권 읽었다고 독서노트에 기록하고 그게 자랑인양 이야기하고 다닙니다. 유치하지 않습니까?

이제는 안 세어 봅니다. 제 독서법은 그냥 읽고 싶으면 읽고 아니면 읽지 않습니다. 관심 가는 책은 2번 보면 많이 봅니다. 필사는 안 하고 책에 줄을 긋습니다. 그리고 페이지를 접습니다. 그래서 제 책은 중고책으로 가치가 없습니다. 그리고 간혹 메모지에 요약합니다(예전에는 모두 하나씩 적고, 또 엑셀에 정리까지 했습니다). 그냥 이게 제 방법인 겁니다. 진짜 독서가들, 독서 내공을 가진 분 중에는 이런 스타일이 많습니다.

책 쓰는 방법이 유행합니다. 방법은 간단합니다. 여러 권의 책을 읽고 거기서 핵심을 뽑아낸 후 내가 쓸 책에 옮겨 쓰면 됩니다. 이게 대부분 자기계발서의 현실입니다. 그래서 책 쓰는 방법까지 자기계발의 한 분야로 나왔습니다. 그래서 '저자의 독창적인 주장이 있는가?' 를 중점적으로 봐야 합니다.

'누가 무엇이라 그랬다' '또 누가 이런 말을 했다' '잘 정리해보면 이것이다' 이런 말들도 마찬가지입니다. 누군가의 책 내용과 글에 코멘트를 답니다. 저는 아직 초보입니다. 하지만 베스트셀러 작가도 마찬가지입니다. 그런 분의 책을 펼쳐보면 표가 납니다. 다 남의 이야기입니다. 다 어디 출처이고 어느 부분의 요약입니다. 그냥 짜깁기입니다. 하나씩 이름을 댈 수 없지만 서점에 가서 아무 자기계발서와 경제경영서적, 교양 인문학서적을 펼치면 대게 어디서 본 듯한 내용입니다. 그런데 이는 문화예술계의 트렌드입니다. 이걸 빨리 교묘히 잘하는 것도 능력입니다. 겟 머니(Get money) 관점에서 보면 능력으로 인정합니다.

책을 꼭 읽어야 하는 이유가 있나요? 책을 읽지 않아도 사는 데는 지장이 없어요. 저도 직장생활을 하면서 1년에 책 한 권을 겨우 봤으니까요. 하지만 책을 읽으면 모든 것이 바뀌어요. 의식이 달라지죠. 의식이 바뀐다는 것은 대단한 일이에요. 일을 잘하는 사람과 못 하는 사람의 능력 차이는 그리 크지 않을 수 있으나, 의식 차이는 천 배, 만 배, 그 이상으로 벌어질 수 있거든요. 책을 읽으며 자신의 성장과 기쁨을 느끼면 의식이 달라진다는 것을 알 수 있을 거예요.

—김병완 작가 인터뷰 내용 중 발췌

이 부분도 사실 사람에 따라 다릅니다. 급진적 사고 중에 하나지만 '저는 책을 꼭 읽지 않아도 사는데 지장이 없다'는 생각에 동의하고 또한 의식이 바뀌고 자신의 성장과 기쁨이 책을 읽어야만 바뀐다고 생각하지 않습니다. 이것 또한 고정 관념입니다. '책을 읽어라, 모두에게 좋다. 그냥 좋다.' 이 논리 또한 일종의 강박입니다. 책을 읽지 않아도 현명하고 지혜로운 사람이 있습니다. 의식의 변화와 성장은 현실적인 경험을 할 때 억만 배는 더 커질 겁니다. 책 속에는 답이 없습니다. 백날 읽어 봐야 돈이 안 됩니다. 돈이 된다는 분은 작가, 컨설턴트, 상담사, 콘텐츠 제작에 관련된 분입니다.

예를 들면 저는 돈이 됩니다. 잘 보세요. 저는 제가 읽은 걸 써먹습니다. 콘텐츠로 만듭니다. 컨설팅에도 쓰고 글에도 씁니다. 돈이 될 수 있습니다. 바로 직결됩니다. 아주 유명한 자기계발 강사님이 이런 이야기를 했습니다. 자신은 100만 원짜리 강의를 들으면

1,000만 원, 1억 원의 가치를 만들어 낼 수 있다고 말입니다. 제가 이 분야에 있어 보니 이해가 됩니다. 격하게 이야기하면 남의 이야기 잘 듣고 MSG 쳐서(각색하여) 뻥튀기 한다는 소리입니다. 강의에도 써먹고, 책에도 써먹고, 얼마나 쓸 데가 많겠습니까? 연예인들이 TV 토크쇼에서 에피소드 만드는 것하고 똑같습니다. '책을 읽어라, 공부해라, 무조건 좋다.' 이 논리 또한 대부분 책 관련 저자들이 맹신하는 것 중 하나입니다.

'나를 봐라! 나는 이렇게 해서, 이렇게 잘 되어 있지 않느냐! 그러니 여러분도 동참해봐라. 따라 해봐라. 실천 편까지. 단 공짜는 아니니 돈을 내라. 더 배우고 싶으면 더 많은 돈을 내라.' 이 논리 역시 마찬가지입니다.

여러분의 부모님을 생각하면 됩니다(독서광 부모님도 있고, 대학 나온 분도 있겠지만). 학교도 제대로 나오지 않고 책도 평생 안 읽었지만 여러분의 가장 큰 조언자 또는 인생의 스승이라 생각되지 않습니까? 왜 그렇죠? 못 배우고, 책 못 읽은 것이 한이라고 말하지만 그분의 의식을 감히 거론할 수 있나요? 몇천 배 더 배우고, 더 읽은 내가 의식적으로 나은 인간이라고 자신할 수 있나요? 단 한 권도 읽지 않아도 고도의 의식세계에 있는 분도 있고 수만 권을 읽어도 저질의 의식세계에 있는 분도 있습니다. 의식 혁명은 가능하지만 그것 또한 사람 따라 다릅니다. 그러면 유명인들, 작가들, 성공한 분들의 의식만 위대하나요? 내 주변에 있는, 내 곁에 있는 '누구'도 또한 위대합니다.

이 생각을 가지고 '독서, 공부법'을 접해야만 통념, 편견, 통속적인 것에서 자유로울 수 있습니다. 그래야 '좌절 금지'가 될 수 있습니다. 우리가 좌절감을 느끼는 것은 너무도 잘 난 분의 기준에서 자신을 비교하기 때문입니다. 그런 분은 드물죠. 희귀종이라 생각하고 따라 하기보다는 '그냥 그렇구나!' 정도 생각하고, 그럼 '나는 어떤 도움을 받을까?' 고민하여 부담 없이 따라 해보고 '아니면 말고', 다시 따라 해보고 '아니면 말고' 이런 식으로 해야 합니다.

'쫄지 마!'라는 유행어처럼, 무작정 자기계발을 하지 않아야 합니다. 때로는 모르는 게 약입니다. 알면 알수록 중독성이 생겨 더 강한, 더 효과 빠른 약을 찾듯 지식과 방법들을 찾게 됩니다. 자기계발서를 접하면 인생이 힘들어집니다. 정말이지 인생이 고달프게 됩니다. 이 말에 공감하는 분이 많습니다. 그냥 모를 때가 좋았습니다. 만일 그냥 내가 책을 읽을 때 메모를 한다면 그게 가장 자연스러운 상태입니다. 만일 그냥 내가 빨리 읽는다면 그게 가장 자연스러운 상태입니다. 만일 그냥 내가 수십 번 반복해 읽는다면 그게 가장 자연스러운 상태입니다. 혹시나 내가 다 잊어버린다면, 그게 가장 자연스러운 상태입니다. 때로는 내가 읽기 싫다면 그게 가장 자연스러운 상태입니다.

책이 싫으면 읽지 마세요. 저도 최근 책을 읽지 않았습니다. 그냥 일하고 밥 먹고 살았습니다. 하지만 다시 읽게 됩니다. 그게 저의 자연스러운 상태인 겁니다. 왜냐하면 사람의 성향은 변합니다. 저는 그것을 추적하는 사람이라 말했습니다. 국내 유일합니다. 성격 변하는 걸 추적해서 인생의 전-후-좌-우를 발견하고 변화의 타이밍을 찾아내어 골든 에이지(전성기)로 이끄는 사람은 저뿐입니다. 그래서 'It Think'라는 브랜드를 만들고 운 설계자 편을 정리하고 글로 씁니다. 저는 이것을 'Chasing Shadows'처럼 느껴집니다. 책을 읽고 싶을 때와 아닐 때가 있는 게 더 자연스러운 겁니다.

평생을 매일 책 읽는 것을 부러워할 점은 아닙니다. 3년에 1,000권 또한 일종의 강박증일 뿐입니다. 어느 선배님이 떠오릅니다. 니체의 책을 접하고 매일 인문고전만 읽습니다. 다음에는 서양 어느 철학책 읽겠다는 목표가 있었습니다. 저는 이 분을 보면서 '꽤 중증의 독서 판타지에 빠져 스스로를 괴롭히고 스스로 위안을 받겠구나.' '과연 헛바람일까? 아닐까?'라고 생각했습니다. 솔직히 물어보고 싶었습니다. 그래서 자신에 대해 솔직함이 필요합니다. 특히 회사나 특정한 조직에서 솔직하기란 쉽지 않습니다. 그래서 안 돼도 무작정 따라 해봅니다. 기필코 따라 하려고 별 짓을 다합니다. 왜냐하면 '나는 좌절하기 싫으니까요!', '나는 뒤처지는 사람이 아니니까요!' 공부며, 독서며 자신에게 솔직하게 하는 것이 가장 좋다는 이야기를 드리고 싶습니다.

3.
성향에 맞는 공부에 관하여

⚭

    사람의 성향에 따라 공부방법 즉 배우는 방식이 다르다고 생각합니다. 당연한 이야기지만 입시 위주의 교육은 획일적 방법만을 강요하니 문제입니다. 예전에 비해서는 다양한 방법이 적용되지만 결국 입시라는 것, 시험이라는 것, 5지 선다형 또는 정해진 답을 정확히 찾아내는 것은 몇몇 성향에 극히 유리한 방법일 뿐입니다. 그런데 사람들은 단지 답 찾기를 잘한다고 '저 사람이 머리가 좋다'고 오해를 합니다. 당분간 이 편견이 해소될지는 의문입니다. 제가 성향 유형 연구를 하면서 만나본 수많은 사람 중에는 흔히 SKY 대 출신들도 많았습니다. 머리가 좋다고 자부했건만 그들 중에는 사회생활, 직장 업무 능력이 부족한 이도 있다는 것입니다. 저는 이렇게 판단했습니다. 시험을 잘 치는 것도 하나의 기술이다. 답을 잘 고르는 기술. 수많은 능력 중에 단지 하나일 뿐입니다. 가드너(Gardner)의 '다중지능론'을 우리는 이미 알고 있습니다.

    '그래! 각자의 잘하는 지능이 있는 것이야.'

    이 글은 특히 학부모, 학생, 혹은 공부하는 직장인이 읽고 도움이 되었으면 합니다. 하지만 시험을 잘 치는 방법을 이야기 드리는 것은 아닙니다. 그건 요즘 유행하는 꼼수, 족집게 방식의 공부법입니다. 제가 말씀드리는 내용은 긴 인생을 살면서 배우고 익힐 수 있는 자기만의 방법을 찾아낸다면 일찍이 공자님의 말처럼 '기쁘지 아니한가'입니다.

저는 공부 유형을 성향 유형과 동일하게 구분합니다. 그럼 '공부 잘하는 유형이 있는가?'입니다. 입시 위주의 공부 잘하는 유형은 있습니다. 참으로 불공평합니다. 자신이 이런 성향이 아니라면 대한민국에서 시험 잘 치기 어렵고 공부 잘한다는 소리를 듣기 어렵다는 생각이 듭니다. 시험에 적합한 유형은 6번 물과 5번 빛의 성향입니다. 빛의 성향, 가장 부러운 타입입니다. 수많은 흔히 '똑똑한 이들'의 성향입니다. 논리적이고 합리적이고 조화롭게 구성하는 면이 강합니다. 생각 자체가 따지는 성향이라 모르면 알 때까지 고민하는 박사형입니다. 주의할 것은 이들의 수준에 맞춘 동료가 필요합니다. 즉 수업 내용이나 동료들이 수준에 맞아야 도움이 됩니다. 특히 대학에서, 대학원에서의 공부는 더 적성에 맞습니다. 그리고 6번 물의 성향이 있습니다. 창의성이 풍부한 유형입니다. 많은 아이디어가 나오는 사람들입니다. 다른 사람의 마음도 잘 읽어내니 출제자의 의도도 잘 파악합니다. 흔히 말해 정답 잘 맞히는 능력자입니다. 주의할 것은 좀 산만할 수 있습니다. 그리고 흩어지는 성향 때문에 학교나 집에서 많은 관심이 필요합니다. 너무 마음이 흩어지게 두면 배가 산으로 갑니다. 또한 너무 옭아매도 곤란합니다. 마음이 열리게 대화를 자주 하며 부드럽고 상냥하게 대해주고 뭐든 감정에 맞춰 주어야 잘할 수 있는 사람들입니다.

일방적, 입시형, 주입식 학교 수업에 적합한 유형은 8번 땅과 4번 산의 성향입니다. 그러니 성적이 좋을 확률이 높습니다. 이유는 우리나라 수업방식과 잘 어울립니다. 선생님이 시키는 대로 잘합니다. 알려 주는 대로 쏙쏙 받아먹죠. 별로 답답해 하지 않고 묵묵히 앉아 있습니다. 독서실 가서도 잘 있습니다. 그러니 성적이 좋을 수밖에요.

3번 연못의 성향도 안정적으로 공부하는 타입입니다. 이들의 마음에 괜한 헛바람, 괜한 창의성을 불어넣지 않아야 합니다. 사람마다 다 좋은 게 아닙니다. 5번 빛, 6번 물, 8번 땅, 4번 산, 3번 연못을 거론했습니다. 7번 벼락, 9번 하늘, 2번 바람이 남았습니다. 왜 남겨 두었을까요? 우리나라 교육과 수업 스타일이 아닙니다.

7번 벼락입니다. 자기 멋대로 해야 합니다. 즉 자기가 관심 가야 합니다. 다행히 학교 공부, 국·영·수에 관심 가면 다행입니다. 만일 한번 집중하면 집중력이 강해서 그냥 달립니다. 하지만 그것이 안되면 대책이 없습니다. 왜냐하면 가둬 두면 좋지않는 성향인데 교실, 수업이란 자체가 가둬 둔 상태입니다. 답답해 합니다. 오픈 수업, 오픈 교실, 오픈 학교면 좋습니다. 9번 하늘입니다. 농담처럼 이야기 드리는 거지만, 천재 아니면 바보가 될 성향입니다. 만일 3번 연못의 안정된 성향과 조합되면 대박이고 9번 열정과 에너지가 조합되면 공부에는 복불복입니다. 즉 공부에 관심 있으면 하고 아니면 일찍 딴 일을 합니다. 자기 좋아하는 것을 찾아서 합니다. 5번 논리와 조합돼도 대박입니다. 7번 추진력과 조합되면 성급하더라도 대박입니다. 6번 창의성 조합도 대박입니다. 하지만 헛바람 들거나 똥고집 부리거나 너무 착하고 순하면 쪽박입니다. 제 단어가 격해서 죄송합니다. 대박이고 쪽박의 용어는 단지 입시형 시험에 제

한된 용어입니다. 그 사람 인생이 그렇다는 말이 아닙니다.

2번 바람입니다. 미국식 토론 수업이나 유대인 가정의 교육법에 적합합니다. 즉 토킹, 말하면서 배우기가 가능하면 대박입니다. 제 성향이기 때문에 할 말이 많습니다. 이 성향은 쪽박이 많습니다. 자신감도 쪽박. 너무 말만 해도 쪽박. 창의성 자유로움도 쪽박. 순진해도 쪽박. 말 잘하지만 논리적이고, 카리스마, 심지가 굳고, 안정감이 있어야 대박입니다. 그럼 '쪽박'을 대박으로 바꾸려면? 어떻게 해야 할까요? 교육 환경이 바뀌어야 합니다.

서로 대화하면서 묻고 답하고 가르쳐 주면 대박입니다. 예전에 '최고의 공부법'이라는 TV 프로그램에서 유대인들 수업을 보니 책 펴고 친구와 이야기하면서 공부하는 모습이었습니다. '하브루타 공부법'이라 합니다. 저는 충격적이었습니다. 제가 만일 이 방식으로 공부했다면 아마 인생이 달라졌을 수 있습니다. 하지만 이제라도 이런 식으로 공부하려고 노력합니다. 제 컨설팅의 이유이기도 합니다. 저도 '상담가'이자 '질문자'가 되기 때문입니다. 그럼 모두 다 '하브루타 공부법'이 맞는가? 아마도 유대인들에게는 맞을 겁니다.

아마도 바람과 하늘의 성향을 가진 사람이 많은 민족일 겁니다. 우리는 아닙니다. 성향은 복합적으로 섞여 있습니다. 즉 하늘의 성향이면서 바람의 성향이다. 이런 식으로 두 가지가 섞여있다 보면 됩니다. 책 앞부분에 숫자 배치에 대해 알려드렸습니다. 81가지 중 일부분만 그런 성향입니다. 누구는 조용히 공부하고 싶고 오히려 말하는 것 싫어하는 분들도 많습니다. 제가 누누이 말씀드리는 내용입니다. 아무리 좋은 방법론도 자기에게 맞아야 합니다. 뭐가 좋다고 전부 다 그 방법을 따라 해서는 절대 안 됩니다. 하지만 유행의 힘에 의해 자신의 줏대가 없으면 따라가게 됩니다.

'옆집 친구가 이런 식 공부하니 잘되더라.' '요즘 유행하는 방법이더라.'

학생만 아니라 어른들, 직장인들도 마찬가집니다. 명언, 좋은 글도 마찬가집니다. 자유로움, 자신감, 의지, 배려, 경청, 조화, 친화력, 집중력 이런 단어들은 다 좋은 말입니다. 하지만 이런 말에 적합한 사람이 있고 안 맞는 사람이 있다는 겁니다. 수많은 명언들을 책상 앞에 붙이고 블로그, 카카오톡에도 써 둡니다. 다 필요 없을 수 있다는 소리입니다.

'친화력을 가지고 경청하고 남을 배려하세요. 이런 능력을 어서 자기계발 하세요.' 같은 경청과 배려의 코드가 유행했습니다. 광풍처럼 모두 다 '경청하라 배려하라.'고 했습니다. 다 부질없을 수 있습니다. 예를 들면 자신감과 열정이 넘쳐나는 사람에게 경청하라면 그 열정과 에너지는 오히려 너무 강해져서 독이 됩니다. 즉 경청하는 사람이 되기 보다는 독단적인 사람이 되는 불상사가 생깁니다. 신기합니다. 그렇게 자신의 열정과 에너지를 경청하면서 날려버리고 남는 것 하나도 없이 그냥 허송세월만 보낼 수도 있습니다. 그게 성향의 균형, Balance라는 겁니다.

만일 제가 자기계발을 한다면 '어떻게 하면 더 자신감을 가지고 더 집중력 있게 할까?'가 적합하다는 말입니다. 그래서 그에 맞는 명언이 더 어울린다는 말입니다. 그래야 인생의 시간을 허비하지 않습니다.

다음은 공부 환경에 대해 이야기 하겠습니다. 저는 2번 바람의 성향이 강합니다. 그럼 제가 다시 10대 학생, 20대 대학생이 된다면 어떤 환경을 구축할까요? 단 돈이 듭니다. 뭘까요? 개인교습입니다. 쉽지 않습니다. 저도 개인교습을 고3 때 받았습니다. 근데 효과가 없었습니다. 이유는 그것조차 일방통행입니다. 설명해주고, 듣고 끝입니다. 이게 아니라 대화를 해야 합니다. 그럼 저는 그때 개인교습 받던 기회를 헛되게 보냈을까요? 바람의 성향, 말 잘한다고 해서 다 같은 바람이 아니라는 뜻입니다. 종류만 16가지 됩니다. 숫자 배치를 떠올려 보면 됩니다. 그래도 개인교습의 효과를 보려면 대화형 개인교습을 해야 하니까 가르쳐 주는 선생님 마인드가 있어야 합니다.

'나의 말을 너는 잘 듣기만 해, 이 문제는 이렇게만 풀어!'가 아니란 말입니다. 그러니 국내에서는 쉽지가 않습니다. 하지만 잘 맞으면 대박입니다. 둔재가 영재, 천재로 바뀌는 순간입니다. 그래서 집중력 좋은 4번 산과 7번 벼락, 3번 연못의 성향을 가진 분이 가장 현실적이고 가장 공부하기에 편합니다. 그냥 독서실에서 닥공(닥치고 공부) 하면 됩니다. 9번 하늘의 성향인 분은 야외에서 대중 토론, 대규모 강단에서 질문도 하고 이런 환경이 맞습니다. 살아있는 삶의 교육입니다. 일찍 대성하실 수도 있습니다.

6번 물과 8번 땅의 성향은 조금 어지러운 환경이 맞습니다. 칠판도 있고 책도 펴 두고 여기도 앉았다 저기도 앉았다 할 수 있는 환경입니다. 2번 바람, 6번 물, 8번 땅의 성향은 큰 책상, 칠판, 책꽂이도 옆에 있고 공간이 넓어야 합니다. 창문도 있으면 좋습니다. 이것저것 공부할 소스가 많이 있어야 합니다. 큰 거실도 좋을 듯합니다. 5번 빛의 성향은 정리된 깔끔한 환경이 맞습니다. 'Simple is the best!'입니다. 공부방 인테리어도 이런 성향에 적용시키면 도움이 됩니다. 이 성향은 깔끔하고 절제된 책상 인테리어가 맞습니다. 방안을 항시 정리해 두어야 합니다.

4번 산과 7번 벼락과 3번 연못의 성향은 방에 아예 독서실형 책상을 두고 거기서 하면 됩니다. 공간을 막아 두어야 편안히 공부합니다. 조용하고 차분한 분위기는 필수입니다. 마지막 9번 하늘의 성향은 아무 데나 잘하니 별 걱정 없을 수 있습니다. 방 안보다는 거실이 좋을 수 있고 그냥 거실을 통으로 주면 됩니다. 과감히, 자기 멋대로 쓸 수 있게 주거나 가장 큰 방 주면 좋습니다. 이 역시 세세한 사항은 사람마다 다릅니다. 위에 언급 드린 사항은 매우 보편적인 내용입니다.

예를 들어 2번 바람의 성향과 조합된 9번의 자신감을 넘어 자만에 빠진 분의 공부방을 거실에 둔다면 헛짓만 할 수 있습니다. 아마 게임, 음악, 인터넷 정보만 모을 수 있습니다. 아니면 자기가 좋아하는 것만 할 수도 있습니다. 이런 분은 방안에 큰 책상과 여러 공부 소스들을 배치해두지만 창문이 가리거나 없는 게 좋습니다. 또한 방문을 공부하는 사람이 볼 수 있도록 해야 하며 꼭 방문을 달아야 합니다. 공부하는 것 감시한다고 열면 쪽박입니다. 이렇듯 그냥 공부방, 공부 환경도 아무거나 따라 하는 것이 아닙니다. 잘못하면 시간과 돈 낭비입니다.

하나 더 볼까요? 알아서 공부 잘하는 독서실형의 4번 산과 7번 벼락 성향을 보겠습니다. 독서실 책상이지만 완전 밀폐형과 반 오픈형은 차이가 있습니다. 너무 4번 산의 성향이 심한 유형은 완전 밀폐가 가능하지만 아닌 분들은 반 오픈형이 맞습니다. 오히려 7번 벼락, 3번 연못 성향 중에는 탈착식 칸막이를 해서 상황에 따라 바꿔주면 좋은 경우가 있습니다.

공부방에 관한 이야기를 좀 더 하겠습니다. 자녀를 두신 부모님은 아이의 성향 숫자를 찾아보길 바랍니다. 여기서는 크게 두 가지로만 나누어보겠습니다. 즉 클로즈형과 오픈형 공부방입니다. 이미 눈치 빠르신 분들은 예상하겠지만 숫자표를 보면 구분 가능합니다.

1, 2, 6, 8, 9번은 오픈형입니다. 1, 3, 4, 5, 7번은 클로즈형이 좋습니다. 1번은 중복입니다. 1번은 성향은 실제 컨설팅이 필요하거나 책을 곰곰이 읽고 2번과 4번 중 하나를 선택해야 합니다. 공부방을 인터넷이나 유명 업체의 인테리어, 즉 돈을 많이 쓰면 좋습니다. 하지만 자신의 성향을 무시한 채 획일적인 인테리어를 하면 학습 효율은 오히려 떨어집니다. 아래 순서대로 고민하길 바랍니다.

① 성향에 따라 오픈형, 클로즈형 선택
② 창문 위치 선택
③ 방문의 위치 선택
④ 공부하는 위치에서 공간의 높이 선택(혹시 가능할 때)
⑤ 집에서 방의 위치 선택
⑥ 침실과 분리 선택

⑥번 경우 공통사항입니다. 하지만 현실적으로 침실과 공부방을 같이 쓰는 경우가 많습니다. 그래서 대안으로 할 수 있는 것이 파티션입니다. 파티션을 두어 구분을 해야 합니다. 현실적인 부분을 고려해보면 6가지 정도 가능합니다. 다음 아래 사항을 봅니다. 클로즈형인 경우 아래 내용과 반대로 생각하면 됩니다.

오픈형인 경우

① 말 그대로 오픈된 책상이 좋습니다. 회의실 테이블 형태가 좋으며 좌우 공간이 탁 트어 있는 것이 좋습니다.

② 창문은 공부할 때 보이는 쪽으로 선택 가능합니다. 뒤통수에 있으면 안 됩니다(클로즈형도 동일).

③ 방문은 항시 공부하는 쪽 정면입니다. 뒤통수에 있으면 안 됩니다(클로즈형도 동일).

④ 공간 높이는 높은 게 좋습니다. 하지만 복층집 거실은 너무 높습니다. 다락방은 또한 너무 좁습니다.

⑤ 이중 구조 책상, 위에는 침대 아래는 책상은 좋지 않습니다. 너무 좁습니다.

⑥ 집에서 메인 위치를 공부방으로 사용합니다. 구석보다 좋습니다.

즉 오픈형 성향은 무엇이든 트인 곳, 높은 곳, 소통이 잘 되는 곳이 좋습니다. 도시로 치면 다운타운, 중심가로 이해하면 됩니다. 즉 집 안 전체로 볼 때 공부방이 중심가에 자리 잡고 방안도 회의실처럼 트이게 해주는 게 좋습니다. 이런 성향을 클로즈형으로 하면 갑갑해서 능률이 떨어집니다. 책상도 벽에 붙이는 것은 좋지 않습니다. 여러 잡지의 인테리어를 보고 잘 선택해야 합니다. 인테리어 업체에서 꾸민 것은 다 멋집니다. 멋으로 공부방을 꾸미는 것은 최악의 선택입니다. 성향에 맞게 꾸며야 합니다.

아래 그림이 기본 도안입니다. 이 부분이 바로 공간심리학 분야입니다. 공부방에서 생각을 더 확장해보면 사는 집을 구하는 것까지 고려해야 합니다. 하지만 여러가지 상황에 따라 이사를 가거나 집의 위치를 마음대로 선택하기는 쉽지 않습니다. 하지만 방을 꾸미는 것은 가능합니다. 방 중간에 책상을 배치합니다. 하지만 현실적으로는 이렇게 배치하지 않습니다. 공간 활용이 안 좋다는 이유와 인테리어상 보기 싫다는 이유입니다. 아래 그림처럼 배치해야 합니다. 오픈형 성향의 기본 마인드는 공기의 흐름입니다. 모든 공기, 빛, 우리가 에너지라 부르는 것은 자연스럽게 흘러가게 해야 합니다.

그래서 기본 배치를 아래처럼 하고 칠판이나 여러 학습 관련 책장을 두어 다양하게 활용하게 합니다. 입구와 창문 위치에 따라 각자의 방에 배치를 고민해보면 됩니다. 도저히 배치가 안 된다면 방 안에 물건을 버려야 합니다. 침실은 가능하면 분리하고 안 되면 파티션을 사용해서 분리합니다. 파티션은 매우 유용한 아이템이니 이동 가능한 것을 사용하여 옮기면서 위치를 잡는 것이 좋습니다.

침실 위치의 애매함 때문에 저는 거실을 공부방으로 추천합니다. 불가능할 것이라는 편견이 많으나 여러 인테리어 잡지나 집 소개를 보면 이런 가정이 꽤 있습니다. 거실에 TV가 있는 것이 아니라 책장과 책상이 있습니다. 또한 책상도 긴 테이블 형태로 있습니다. 공부와 잠은 서로 다른 행동 양식입니다. 같은 공간에 두면 무조건 좋을 수가 없습니다. 공부하다가 잡니다.

일과 가정을 분리하자는 이야기를 자주 합니다. 재택근무를 해야 한다고 주장하는 분도 있습니다. 하지만 제가 보기에 매우 위험한 시도입니다. 집에서 일하는 것은 정말 그 안에서도 공간 분리가 되지 않으면 실패할 확률이 높은 방법입니다. 다른 삶의 형태가 같은 공간에서 이루어지기 어렵습니다. 그래서 작업실, 사무실이 따로 있어야 합니다. 하지만 아이들은 공부방에 침실이 있습니다. 장담합니다만 침대와 공부방을 분리하는 것으로도 공부 효과는 상당할 것입니다.

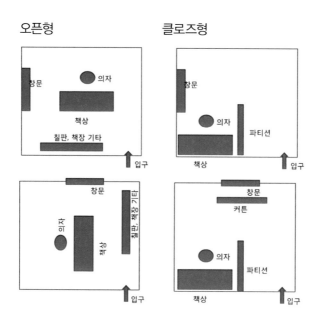

오픈형　　　　　　　　클로즈형

사실 그냥 편한 대로 해도 공부 잘하면 아무 문제 없습니다. 하지만 아이가 공부가 잘 안된다고 느낄 때는 그 이유를 다각도로 분석해야 합니다. 여러 문제가 있을 수 있습니다. 아마 개인적인 문제가 가장 큽니다. 다만 저는 공간심리적 요인이 있다면 가능한 부분은 줄여주는 것이 맞다고 생각합니다. 이왕이면 도움을 받는 게 유리합니다. 이유는 인간은 공간에 대해 심리적 변화를 느낍니다. 이미 다양한 심리 실험들로 밝혀졌습니다. 어떻게 보면 너무도 당연합니다. 우리들 스스로 잘 아는 부분입니다.

탁 트인 곳, 답답한 곳, 왠지 기분 안 좋은 곳, 수도 없습니다. 본인이 느끼는 그런 부분이 공간심리의 한 부분입니다. 만일 바닷가에 있는 단독 리조트에서 시간을 보낸다고 생각해보면 창밖으로 보이는 태양과 수평선은 잠깐의 휴식에는 좋습니다. 하지만 장기간 그 리조트에 있다면 오히려 심신이 피곤할 수 있습니다. 다른 예로 캠핑 또한 잠시 휴가로 즐기는 차원에는 좋습니다만 그것이 삶이라면 어떻습니까? 왜 집이 존재하는지 생각해 볼 문제입니다. 집을 자주 옮기면 유목민입니다. 유목민을 흔히 바람의 민족이라고 표현을 합니다. 맞는 성향이 있고 그런 성향이 아니면 힘듭니다. 흔히 우리가 여행가는 것을 바람 쐬러 간다고 합니다. 2번 유형입니다. 7번 9번 또한 비슷합니다. 이 역시 오픈형과 클로즈형에 따라 적용이 다릅니다. 유목민과 정착민의 차이입니다.

클로즈형은 책상도 독서실처럼 생긴 게 좋습니다. 말 그대로 모든 부분을 막아 두면 됩니다. 오히려 기존의 인테리어와 유사한 부분이 많아서 유리합니다. 어쩔 수 없습니다. 공부, 즉 입시 공부는 클로즈형에게 유리한 것이 많습니다. 이런 공간 구성이 우리가 아는 공부방입니다. 또한 독서실을 가도 이런 구성입니다. 최근 유행하는 독서실에 가면 다양한 룸이 있습니다. 성향에 맞게 공부할 수 있는 바람직한 독서실 트렌드입니다. 저도 여유 자금만 있다면 성향 분석을 통한 맞춤형 독서실 사업을 해보고 싶습니다. 두 가지만 기억하면 됩니다. 내가 오픈형이냐, 클로즈형이냐는 간단합니다. 오픈형은 다 트이게 해주고 클로즈형은 막아주면 됩니다. 다만 문 입구와 창문이 뒤통수 향하는 것은 지양합니다. 뒤통수 보존의 법칙을 기억하고 배치하면 됩니다.

4.
공부 잘하는 DNA와 행복을 찾으려면

∾

'가방끈이 긴' 사람들의 유전자(DNA)는 따로 있었다. 대학 석·박사 진
학 등으로 학업 기간이 긴 사람들이 공통적으로 갖는 DNA의 특징
— 공부 잘하는 DNA 따로 있다?, 동아일보

많은 사람이 이미 공감하고 있는 부분입니다. 공부의 정의를 단
지 입시, 대학 진학, 시험 합격 범위에서 본다면 그렇다는 소리입니
다. 이미 말했지만 저는 공부의 정의를 훨씬 넓은 의미로 생각하고
있습니다. 모든 배우고 익히는 모든 것으로 생각한다면 저도 공부
를 좋아하는 사람입니다. 다만 사회적 통념의 공부라는 관점에서
는 저런 DNA를 가지지 못습니다. 제가 언급 드리는 성향론과 유
전자론은 유사한 생각입니다. 타고난 성향은 유전적 요인이 결정적
역할을 합니다. 물론 환경적 요소가 중요합니다.

제가 수많은 사람을 분석하면서 느낀 부분이 '환경'의 중요성입니
다. 비슷한 성향인데 전혀 다른 삶을 사는 이유기도 합니다. 저는
타고난 성향과 환경의 비율까지 고려합니다. 5:5, 4:6, 6:4 유동적
으로 봅니다. '환경'이 어쩌면 더 잔인할 수 있는 불공평한 삶의 일

부분이기도 합니다. 수저 계급론도 '환경' 입니다. 좋은 부모라는 자체가 '유전자'이자 '환경' 입니다. 제가 대학 입시 준비하던 20여 년 전에는 개천에서 용 나는 일화가 많았습니다. 인터넷이 보급되기 전입니다. 제가 읽은 입시, 합격 수기는 그런 사연들로 가득 찼습니다.

EBS 교육 방송과 교재를 많이 사용한 고등학교가 관련해서 표창을 받기도 했습니다. 뭔가 공평하고 공정한 듯 보입니다. 하지만 그때도 사교육은 이미 과열되어 있었습니다. 단지 정보가 고립되어 있었을 뿐입니다. 단지 아는 사람만 알 뿐입니다. 지금은 정보가 오픈되어 있습니다. 정보도 사실 공평해 보이지만 그에 맞춰 더 디테일한 고급 정보들이 생겨납니다. 그것을 현재의 입시 학원과 관계자들이 가지고 있습니다. 그리고 그것을 알려면 '돈'이 듭니다. 저는 정보는 항시 '돈'과 연관되어 있다고 생각합니다.

타고나길 공부에 적합한 성향이 있다는 것을 이전 글에서 이야기했습니다. 어떻게 보면 당연한 듯 보이지만 우리가 무시했던 사실이기에 많은 학생이(저까지 포함) 교육제도에 피해를 받았습니다. 그 피해는 개개인의 독특한 능력을 발휘하지 못하고 단지 입시 경쟁에서 뒤처지는 것만으로 '인생의 패배자'라는 인식을 어린 나이에 생기게 해버립니다. 정말 잔인한 시스템입니다.

공부가 가장 쉽다고 이야기하는 '공부 머신'들과 경쟁시키는 제도는 너무 탄탄하게 짜여 있습니다. 집에서 사무실까지 다니다 보면 입시학원 거리를 지납니다. 수많은 빌딩에 수많은 학원이 있습니다. 옆 사무실에도 과외 학원이 있습니다. 나무의 뿌리처럼 서로들 엮인 이런 폼(Form)들, 제도들, 이 시스템 속에서 10대를 보낸다는 것 자체가 불행입니다. 타고난 성향은 공부에 적합한 것 말고도 너무도 좋은 성향이 많습니다. 그걸 찾아줘야 합니다. 그래야만 일찍 인생이 행복해집니다.

잠시 저의 행복을 찾는 이야기를 하겠습니다. 10대를 제가 하고 싶었던 공부들을 했다면 행복의 시기도 훨씬 빨리 왔을 겁니다. 저는 다시 10대로 돌아가기 싫습니다. 가장 괴로웠습니다. 좋은 추억이 없습니다. 그냥 교실, 학교, 학원, 집뿐인 삶이 '공부 머신'들 말고는 행복하겠습니까? 만일 나에게 맞는 적합한 공부를 했다면 행복했을 겁니다. 내가 읽고 싶은 책을 읽고 시험은 무시해버리면 됩니다. 제 성향인 2번 소통가 유형에 맞게 가슴속 바람이 마음껏 불게 만들어야 했습니다. 학교라는 곳이 안 맞을 수 있습니다. 다른 대안이 필요하겠죠. 마음에 맞는 스승도 필요할 겁니다. 전혀 사회적 제도와 맞지 않고 이상주의지만 전혀 불가능한 이야기는 아닙니다. '바람' 성향을 가진 소년을 입시와 대학이라는 틀 안에 가두었습니다. 저에게 어떤 부작용이 나타났을까요? 그렇게 10대를 견뎌냅니다. 겨우 대학을 갑니다. 그 다음 학업에 손을 뗍니다. 우리가 아는 공부는 '끝'입니다. 그걸 지금까지 합니다. 다만 내가 하고 싶은 공부를 합니다. 시, 소설, 역사, 철학 등에 관심을 가집니다. 대학에서 휴학을 2년이나 합니다. 그 후 3D 그래픽 공부도 합니다. 그냥 그게 좋았습니다. 복학해야 되는 2년이 지나고 억지로 복학은 하지만 학업을 못 따라갑니다.

겨우 대학을 졸업하지만 할 것이 없습니다. 계속 기존 시스템 속에 들어가려고 다시 대학원을 갑니다. 그렇게 우연히 회사에 들어갑니다. 저는 밝은 사람입니다. 굉장히 긍정적입니다. 잘 웃습니다.

그냥 그게 다입니다. 그랬기 때문에 그나마 회사에 들어간 것이라면 믿겠습니까(이 부분이 성향에서 중요한 포인트입니다)? 그렇게 저는 계속 인생에 반항하듯 회사에서도 모든 일을 방관합니다. 그냥 일을 내버려 둡니다. 바람의 소년, 그 '바람'을 그냥 가슴속에만 불게 하니 이런 웃지 못할 '반항'을 하는 것입니다.

일상의 바람은 결국은 폭풍이 되어 자신의 삶을 공격하게 됩니다. 10년이 지나니 폭발합니다. 그리고 그 이유를 어떤 '상담', 어떤 '선생님'에서도 못 찾았지만 저만의 '공부'를 해서 스스로 찾아냅니다. 이런 글을 쓸 수 있는 것도 그런 저만의 '공부'가 있었기에 가능합니다.

저는 바람이었고 하늘이었고 이제는 벼락이 되었습니다. 그런 세월을 20년을 보내니 알 수 있습니다. 짧게 개인적인 이야기를 했지만 매우 안타깝기도, 어쩌면 아까운 시간들입니다. 더 일찍, 더 많은 경험, 나의 '공부'를 해야 했지만, 학교에 다니고 회사에 다니느라 못 했습니다. 더 '나'다운 삶을 살아야 했지만 기존 시스템에서 나올 용기가 없었습니다. 맞습니다. 바람의 소년, 저 같은 사람은 이런 구속에서 빨리 나와야 행복합니다.

다시 처음 유전자 이야기로 가봅니다. 다시 물어보겠습니다.

'그럼 저 같은 사람은 좋은 대학을 못 가나요?'

저 같은 사람은(8번, 2번) 만일 환경적 요인에서 엄청난 지원이 있으면 됩니다.

'그런 지원을 못 받을 때는 어떡하나요?'

일찍 행복해지기 위해서는 그냥 하고 싶은 대로 해야 합니다.

'이런 성향은 사회적 성공 기준에서는 좋지 않은 성향이네요?'

맞습니다만 자신은 행복합니다. 그러면 됩니다. 좋은 대학도, 공부도 못했지만 행복한 사람이 됩니다. 그것을 일찍 할수록 행복의 기간도 길어집니다. 이유는 이런 성향을 가진 사람은 성격도 좋고 착하고 남을 잘 도와줍니다. 그리고 경쟁보다는 행복을 우선으로 하는 인생을 삽니다. 그러니 학교, 진학, 회사, 돈, 장사 등 경쟁체계인 것과는 맞지 않습니다. 그것보다 다양성, 봉사, 정신, 관심, 사랑 이런 것과 잘 맞습니다. 그런 삶을 살게 도와줘야 합니다. 저는 과거보다 현재 수입이 줄었습니다. 물론 글을 쓰고 강연과 상담을 계속할 것입니다. 당연히 저도 돈이 있어야 먹고 살지만 그 방식이 조금 차이가 납니다.

그래서 저는 행복합니다. 이제는 하고 싶은 공부를 합니다. 'It Think' 성향분석을 더 체계화 시키고, '운 설계자'라는 글도 씁니다. 그리고 다양한 분야에 연구도 계속합니다. 그냥 책상과 노트북과 책이 있는 환경이 이대로 유지되면 좋겠습니다. 물론 저도 가족이 있고 결혼도 했고 아이도 아직 어립니다. 여러분처럼 빚도 많습니다. 만일 저에게 돈, 사회적 경쟁을 강요하고, '철이 없다' '아직 고생을 덜 했다' '살 만하니 저런다'는 소리를 한다면 아직 인생의 고정관념을 못 버린 분입니다.

저는 예전에 부동산과 특히 경매 공부를 반년 하다가 토할 뻔한 뒤 그만두었습니다. 그 '머니 게임' 속에서, 사람들 속에서, 시스템 속에서, 익숙하게 따라가고 일종의 '희열'을 느끼는 사람과, 저처럼 구토가 나오는 사람의 '다름'을 알아야 합니다. 좋고 나쁘다는 의미가 아닙니다. 그냥 차이입니다. 익숙하게 잘 따라다니고 '머니 게임'

에 희열을 느끼면 그대로 좋습니다. 돈도 벌고 성공도 하고.

하지만 구토가 나는 성향, 그것이 나의 성향이자, 유전자입니다. 타고 나길 그런 녀석입니다. 이 부분을 이해하면 진짜 자신의 모습을 알 수 있습니다. 왜 직장을 10년이나 다니면서 반년 동안 부동산 공부를 했을까요? 사회적 기준에 돈, 'Get Money'를 저도 하고 싶었습니다. 일확천금, 인생 한방, 얼마나 멋집니까? 좋은 집도 사고, 외제차도 사고, 뭐도 사고, 뭐도 해보고 등, 흔한 꿈 아닌가요? 결국은 저는 아니었습니다. 저는 그런 면에서 사회적인 남성성이 없습니다. 결국 누구의 기준, 사회의 기준이 아닙니다. 나의 기준, 나의 삶의 방식입니다. 이해되나요? 그래서 가끔 1번, 3번, 4번 유형이 부럽기도 합니다. 다릅니다. 사람은 같지 않습니다.

행복을 찾으려면 '진짜 너 자신을 알아라!'가 중요합니다.

5.
운동 기계 대신 공부하는 선수?
공부의 배신?

    과거 유명했던 농구선수의 4년 구형 기사를 읽었습니다. 저는 체육인도 아니고 체육계도 잘 모르지만 엘리트 체육인들이 어떤 환경에서 10대를 지냈는지는 과거 학생 시절 운동부 친구의 일상을 회상해보면 조금 알 듯합니다. 제가 다닌 중학교에는 사격부가 있었고 고등학교에는 유도부가 있었습니다. 그 친구들을 교실에서 본 것은 아침에 잠깐, 혹은 시험 기간에 잠깐이었던 것 같습니다. 하루 종일 체육관에서 산다고 하더군요. 어린 마음에도 뭔가 지나치다는 생각이 있었지만 입시에 매달리는 우리 역시 지나친 것은 매한가지라 덤덤히 그리고 무심히 스쳐 지나갔던 기억들입니다. 한국의 엘리트 스포츠는 분명 뭔가 잘못 되었습니다. 그래서 아래와 같은 노력들이 진행되고 있는 모양입니다.

    '운동 기계' 대신 '공부하는 선수'로, 한국체육 패러다임 전환, 운동 기계 되지 말고 공부해라, '은퇴 후 10년' 고단한 삶

—체육인은퇴연구소

우리나라는 공부도 '공부 머신'를 원하고 운동도 '운동 머신'를 원하는 나라입니다. 은퇴한 체육인에 대한 기사를 읽어보니 일반인들이 아는 것보다 심각하다고 합니다. 공부를 하든 운동을 하든 너무 한쪽으로 치우친 결과입니다. 물론 이런 내용도 공부는 '그나마' '운동'보다는 낫다는 인식의 결과입니다. 하지만 극단의 '기계'만 인정받는 구조적 문제가 분명 있습니다. 공부 역시 하려면 미친 듯이 잘해야 합니다. 공부도 잘하는 능력, 타고난 성향이 크게 작용합니다. '공부의 배신'이라는 TV 프로그램에는 이런 이야기가 방송되었습니다.

10대가 말하는 우리 사회의 성공 조건은? 저는 진짜 작년까지만 해도 노력이라고 생각했어요. 그런데 지금은 첫 번째가 재력, 일단 스카이를 가고 싶어요. 대학이 다가 아니라고 하지만 안 와 닿아요. 부모님 빨이라는 거 있잖아요. 그 친구 되게 부러워한 적 있어요. 준비가 안 되면 버려지겠다. 그런 생각이 들었어요.

—EBS 다큐프라임 '공부의 배신' 중 꿈의 자격 편

이 프로그램은 '재력', 즉 환경에 대한 불평등을 이야기하는 듯합니다. 저의 기본 가정을 해보겠습니다.
① 타고난 성향도 부족하면서 재력까지 없다면 자기 아들입니다.
② 성향은 부족해도 재력이 있다면 잘 사는 친구 아들입니다.
③ 성향은 있는데 재력이 부족하면 불쌍한 친구 아들입니다.
④ 성향은 있는데 재력까지 있다면 부러운 친구 아들입니다.
이런 상황일 때 제 생각은 입시, 입사, 합격을 위한 공부라는 기

준 자체가 불공평한 것입니다. 그러니 이런 프로그램도 해답을 못 찾는 겁니다. 재력도 불공평하지만 타고난 성향도 불공평합니다. 이 프로그램의 전제조건은 ③ 불쌍한 친구 아들, ④ 부러운 친구 아들입니다. 그리고 ② 잘사는 친구 아들은 재력으로 모든 것이 가능하다고 이야기합니다. 하지만 ① 자기 아들은 없어 보입니다. 이 부분이 제도권 이야기의 한계입니다. 재능도 없고 돈도 없는 내 아들 이야기는 빠져 있습니다.

전국의 10대, 20대를 대신해 우리 사회에 던지는 질문, 열심히 공부하면, 꿈을 이룰 수 있나요? 10대와 20대의 살아있는 목소리를 통해 지금 우리가 살고 있는 이곳이 '열심히 공부하면 원하는 삶을 살 수 있는 곳인지' 질문해보고자 합니다.

—EBS 다큐프라임 '공부의 배신' 중 꿈의 자격 편

운동 또한 마찬가집니다. 저는 예전부터 수많은 유명 선수들 인터뷰를 유심히 봐왔습니다. 본 이유는 '도대체 그들이 한 분야에서 어떻게 일인자가 되고 유명해졌나?'라는 겁니다. 노력, 물론 중요한 요소입니다. 모두 피나는 노력을 했을 겁니다. 지도자들은 타고난 운동신경, 또는 센스라고 표현하더군요. 그 '센스'가 매우 중요하다고 합니다. 그 부분은 '가르칠' 부분이 아니라고 지도자들이 이야기하더군요. 정답을 찍어내고, 출제자의 의도와 수년을 입시 서적을 볼 수 있는 능력도 이와 같은 겁니다. 공부 잘하는 아이들은 '귀신같이' 이 부분을 압니다. 이 능력을 그래도 가르칠 수는 있다는 것이 입시 학원계의 주장입니다.

저는 10년간 웨이트 트레이닝 및 크로스핏을 해왔습니다. 한창 몰두해보니 운동능력의 한계가 있음을 알게 되더군요. 어떤 목표 치를 100%이라고 했을 때 저의 환경에서는 신체가 낼 수 있는 최대치가 70%, 80% 밖에 안 된다는 사실을 경험을 통해 알았습니다. 우선 전문적인 운동선수의 환경이 아니었습니다. 즉 운동선수 만의 스케줄을 지켜야 하지만 일반인들에게는 무리입니다. 하루의 대부분 운동과 관련된 일상을 보내야 합니다. 가능하세요? 그럼 목표치에 더 접근 가능할 확률이 올라갑니다.

두 번째 어린 시절의 운동부족에 따른 '신체발달 부족' 부분이라 이해했습니다. 저는 어린 시절 운동을 전혀 안 한 사람입니다. 성장기에 각종 근육, 인대, 호흡기 세포들, 특히 심장 근육들의 성장은 매우 중요한 요소입니다. 어릴 때 운동해온 사람이 사회체육에서 활약하는 것만 보더라도 엄청난 차이가 느껴집니다. TV 프로그램 '우리동네 예체능'을 보면 이런 사실을 접하게 됩니다. 다 큰 어른이 되어 해보면 그 한계를 금방 접합니다.

처음에는 기술 향상, 힘의 향상이 되지만 금세 정체됩니다. 노력을 하지만 '부상' 또는 '탈진'을 합니다. 다칩니다. 왜 다칠까요? 목적을 이루려는 내 의지에 몸이 못 따라갑니다. 즉 내 근육과 관절과 인대는 약합니다. 성장기에 폭발적으로 강해지지 못했습니다. 주변에 보면 특히 잘 다치는 분이 있습니다. 물론 왕년에 해 온 분들도 다칩니다. 하지만 그들이 다치는 것은 자신에 대한 '자만'에 따른 결과입니다. 그들은 조심하면 안 다칩니다. 하지만 다 커서 했던 분은 한계가 넘어가면 조심해도 다칩니다. 자기 한계 수치가 낮다고 생각하면 됩니다. 즉 내 한계가 70%, 80%라도 실제는 50%, 60%만 사용해야 안전하게 운동을 할 수 있습니다.

하지만 TV로 봐 왔던(엘리트 선수들의 동작, 활약들) 것은 있고 경쟁은 존재하니 늘 부상을 달고 살 수밖에 없습니다. 그리고 어린 시절부터 오랫동안 해왔더라도 결코 100%가 되기가 어렵다는 것을 엘리트 선수들을 보면서 또 한 번 알았습니다. 목표치의 100%는 세계 일류 선수들만 가능한 수치이며, 평생을 운동해야 가능한 수치입니다. 거기에 '타고난' 능력이 있어야 합니다. 이 점이 운동 인생의 갈림길입니다. 이건 노력해도 안 되는 부분입니다. 노력하면 된다고 주장하는 선수들은 그 분야 최고들입니다. 아닌 분들은 노력해도 안 된다고 이야기합니다. 모르는 일반인이 오해합니다.

'너는 노력이 부족했다'고 비난합니다. 그러니 '운동'을 한다는 것이 얼마나 힘들겠습니까? 거기에 금은동 메달권의 선수들은 능력 차이가 거의 없다고 합니다. 모두 타고난 운동신경에 어마한 노력을 해서 국가대표가 되고 일류 선수들이 된 것입니다. 거의 같습니다. 결국 금은동의 갈림길을 '운'이라 이야기하는 분도 많고 그 날의 '컨디션'이라 이야기하기도 합니다.

내 '노력'이 부족했다고 하는 분들도 있지만 과연 속마음도 그럴까요? 더 깊이 파고들면 그래도 '뭔가' 부족합니다. 한 가지 더 추가하자면 단 0.1%라도 더 채우기 위해 '어떤 일'이든 감행하기도 합니다. 흔히 '약물'에 대한 유혹입니다. 그만큼 무섭고, 치열한 분야가 운동 분야이기도 합니다.

뽀빠이, 헐크 호간, 람보, 록키, 터미네이터 그리고 캡틴 아메리카까지.

—영화 '슈퍼히어로의 진실'(2008) 소개 중에서

최근에 본 영화입니다. 미국이란 나라에 대해 생각할 부분이 많은 영화였습니다. 내가 만일 미국에서 '운동'이라는 것을 했다면 '나는 아나볼릭 스테로이드를 맞지 않았을까?'로 되묻는다면 솔직히 대답할 자신이 없습니다. 보디빌딩을 조금이라도 해본 분은 금방 이해가 될 겁니다. TV 속, 대회 속 일류 스타들의 몸이 얼마나 비현실적인지. 그 정도 크기의 근육 덩어리를 만들려면 '뭔가'가 필요하다는 것을. 원제가 'Bigger Stronger Faster'입니다. '1등만 기억하는 더러운 세상'이라는 유행어가 있습니다.

운동도, 공부도 'Bigger Stronger Faster'가 돼야 인정받습니다. 그 인정이 싫으면 스스로 B급이 되면 됩니다. 제가 주장하는 B급은 '잘못된 것' '부족한 것'이 아니라 '다른 것'입니다. 인정의 기준이 다른 것입니다. 그러므로 인정받을 필요가 없습니다.

'왜 A급 기준으로 인정받아야 하는지요?' 곰곰이 생각해보면 B급도 잘 살 수 있는 방법이 있습니다.

이제 명문대의 거품을 걷어내고 의심해야 할 때! 예일대학 영문학 교수였던 이 책의 저자 윌리엄 데레저위츠는 오랫동안 자신을 몹시 괴롭혔던 무언가를 발견했다. 그가 가르친 학생들은 전국에서 내로라하는 수재들이었으나 비판적이며 창조적으로 사고하는 법, 목적의식을 찾는 법 등에 관한 중대한 질문을 받으면 어찌할 바를 몰라 했다. 도대체 왜 그럴까? 저자는 완벽한 점수를 요구하는 학부모를 비롯해 예일대학 입학심사위원회에서 그가 직접 경험한 편향된 선발제도와 강압적인 교육 시스템을 날카롭게 해부한다.

— 「공부의 배신」 책에서 발췌

원제는 'Excellent Sheep'입니다. '공부의 배신'은 국내 출판용 제목입니다. 제목이 매우 비즈니스적인 것은 사실입니다. 이 책에 대해 어떤 리뷰를 쓰신 분의 글이 인상 깊어 옮겨 봅니다.

내가 이해한 이 책의 내용은 좋은 대학을 나온다고 특별한 교육을 받거나 그렇다고 취직이 잘 되는 것이 아니다. 따라서 굳이 명문 대학 학벌에 집착할 필요 없이 자신의 적성에 따라 삶을 살라 주장한다. 사실 그런 이야기는 나도 할 수 있다. 누구나 교육 멘토로 나오는 사람들이 하는 이야기다. 그런데 현실을 보면 기존 교육 시스템이 모든 학생이 대학 가도록 되어 있고 대학 자체 내에서도 적성 찾기보다는 기존 지식 가르치기에 바쁜데 언제 자신의 적성 찾고 할 시간이 있는가? 공부 안하고 다른 일 경험할 프로그램도 없고 시간도 없다. 대학 나와도 할 일 없는데 대학 안 나오면 더 할 일 없다(즉, 직업선택의 범위가 좁다). 화가 난다. 기존 제도에 편승해 호위호식하던 사람이 제도에 적응하지 못한 사람들에게 건네는 위로에 불과하다. 그 위로도 돈 받고 해주는 것이지만.

— http://blog.yes24.com/document/8162744

결국 제도권, 기존 시스템으로는 아무리 생각해도 '적성에 따른 삶을 살고!' '학벌에 대해 집착하지 마라!'는 가식적인 조언 밖에 나오지 않습니다. 진짜 원하는 답을 구할 수 없습니다. 기존 시스템에서 벗어나야만 답을 찾을 수 있습니다. 즉 각자의 세계가 있습니다. 그 속에서 살면 됩니다. 그래서 저도 '그 속에서 어떻게 잘 살지?'에 대해 연구하고 있습니다. 조금만 관심을 가진다면 그런 분들도 주변에 보일 것입니다.

혹시, 우연히, A급 세계와 겹쳐서 '제도권의 인정'이란 것도 받을 수 있습니다. 하지만 이건 '덤'인 것이지 '주'나 '메인'이 아닙니다. 이런 것에 대해 저만의 방식으로 공부하고 저만의 방법으로 알아가는 중입니다.

6.

'It Think' 프레임으로 본 운 설계자 인물 사례

1.
마크 저커버그와 기부

∞

  리더십 성향에서 마크 저커버그는 5번 수평 조화의 빛의 리더십입니다. 기부도 잘하는 저커버그를 좀 살펴보겠습니다. 빛의 성향은 수평과 조화로 인해 교육이나 학업능력이 출중합니다. 똑똑하다는 이야기를 듣는 사람입니다. 기부의 성향은 저커버그가 20대~30대 중반까지 나타나는 잠재 성향으로 6번 물의 성향으로 볼 수 있습니다. 한번 상징적 느낌을 생각의 흐름으로 표현해보겠습니다. 물은 어떤 형태로도 변화 가능합니다. 이상한 컵에 물을 따르면 이상한 형태로 있습니다. 하지만 컵을 쏟아 바닥에 흐른 물의 느낌은 어떻습니까? 쫙 퍼져나갑니다. 경계가 없을뿐더러 흐트러진 느낌이 듭니다. 감정은 어떤가요? 모호할뿐더러 무엇이라 말하기 어려운 것이 감정입니다.

  창의성은 어떤가요? 창의성은 컵에서 물을 쏟아 버린 모습입니다. 흔히 이야기하는 발산적 성향의 창의성이라고 합니다. 그럼 쏟아진 물을 다시 담으려면 어떻게 하나요? 물이 바닥에 흡수되지 않았다면 도구를 이용해 컵에 담으면 됩니다. 수렴적 성향의 창의성이란 컵에 담긴 물의 창의성입니다.

감성이 풍부한 사람은 어떤가요? 사람 사이의 느낌을 중요하게 여깁니다. 자신과 외부의 경계가 약한 사람입니다. 물을 상상해보세요. 경계가 없는 느낌입니다. 즉 인간관계에 민감하여 남을 잘 도와줍니다. 해달라는 대로 해줍니다. 그래서 사람들에 칭찬받기를 좋아합니다. 또한 사랑에도 잘 빠집니다. 이게 저커버그의 잠재 성향입니다. 그래서 기부를 하는 것입니다. 저는 확신합니다. 성공한 사람은 자신의 성향을 본능적으로 잘 따르고 잘 아는 사람입니다.

거침없는 페이스북 성장, 페이스북이 나날이 성장해가고 있는 가운데, 최고경영자 마크 저커버그의 기부가 눈길을 끈다. 페이스북 최고경영자 마크 저커버그가 보유한 페이스북 주식가치는 현재 450억 달러(52조원)에 이른다. 그는 이 중 99%를 죽기 전까지 자선사업에 사용할 예정이라 밝혀 놀라움을 자아냈다. 저커버그는 편지에서 인간이 가진 잠재력을 키우고 평등한 사회를 만드는 데 기부 초점을 맞췄다. 단순히 딸 맥스만을 위한 투자가 아니라 아이가 살아갈 세상을 더 낫게 만들려는 의도라고 자신의 기부 이유를 밝혔다. 자세한 기부 내용은 저커버그가 두 달간 육아휴직을 끝내고 복귀한 후 밝힐 예정. 저커버그 페이스북 최고경영자는 "우리 커뮤니티는 성장을 계속했고 우리 사업은 번창하고 있다"라고 말한 것으로 알려졌다.

—헤럴드, 하지혜

저커버그 성향은 빛의 성향으로 공부를 잘한다고 했습니다. 예전 회사 설립 초기에 저커버그의 명함에 'I'm CEO, Bitch(제기랄 난 대표다)'라고 적힌 일화를 보면 그는 격식이 싫은 자유로운 생각의 소유자입니다. 제가 20대 저커버그는 6번 물이라고 했습니다. 자유로운 창조적 마음을 가진 저커버그다운 행동입니다. 그러면 공부 잘하고 똑똑한 5번 빛의 성향의 남자, 저커버그의 유년 시절을 보겠습니다. 이미 우리는 그가 하버드 나온 수재에 천재 프로그래머라고 알고 있지만 그 역시 유대인 가정에서 철저히 유대인 교육을 받았습니다. 아버지의 인터뷰가 중요한 대목입니다.

어린 시절 '바르 미츠바' 유대인 성인식을 하며 스스로 원하는 일, 최선 다 하라 등에 대해 가르쳤고 그는 별로 특별할 것이 없다고 술회합니다. 하지만 마크에게 무언가 안된다고 말할 때는 사실과 경험과 논리를 준비해서 격한 논쟁을 벌였습니다. 마크의 아버지와 논쟁 승률이 100%, 그래서 검사나 변호사가 되지 않겠냐고.

—저커버그 아버지 인터뷰

5번 빛의 성향이 왜 똑똑한가를 알려주는 중요한 대목입니다. 빛은 조화입니다. 리더의 성향이기도 합니다. 조화의 느낌을 보면 논리적인, 합리적인 느낌과 비슷합니다. 사실과 경험이 잘 맞춰진 펜타(penta) 오각형을 상상해 보세요. 좀 더 깊게 보면 빛은 숫자 5입니다. 5는 조화를 상징합니다. 그럼 3은요? 삼각형, 삼각대. 세 발은 안정적입니다. 땅을 안정되게 지지합니다. 안정을 상징합니다. 3은 연못입니다. 연못은 강이 아닙니다. 안정되게 물을 담고 있습니다. 이런 식의 논리가 제 철학적 사상인 'It Think' 프레임의 뿌리입니다. 무한히 연상되는 느낌과 이미지의 생각을 정리하고 있으며 이런 방식을 이용해 인간의 성향을 찾아내어 '운 설계자 되기'로 활용하는 것이 핵심입니다. 마크 저커버그의 논리는 잘 봤습니다. 그럼 논쟁은 뭘까요? 흔히 말발. 대화하는 능력은 뭘까요? 논리가 있으나 말을 버벅거리거나 횡설수설하면 유능한 변호사가 되기 어렵습니다. 다시 상징의 이미지를 연결합니다. 2번 바람. 바람은 연결입니다. 또 놀라운 사실 하나가 나오네요. 페이스북의 기업 미션은 '세상을 연결한다.'

마크는 강연에서도 자신의 가장 큰 관심은 사람과 사람을 연결해 주는 것이라고 밝힙니다. 제가 사람 관계의 연결, 감정의 연결은 물이라고 했습니다. 하지만 바람도 연결입니다. 바람은 이쪽에서 저쪽으로 불어옵니다. 올 때 그냥 안 옵니다. 중국 황사 생각해 보세요. 커뮤니케이션, 즉 언어를 담고 오는 것. 대화는 바람입니다. 저커버그의 타고난 성향은 5번 빛과 2번 바람입니다. 한마디로 말 잘하고 똑똑한 인간입니다. 그런 사람이 20대가 되면 말 잘하면서 인간관계를 중요시여기는 사람이 되는 것입니다. 마크는 자신의 똑똑함을 잘 활용하여 세상과 사람을 연결해주는 사람입니다.

페이스북 기업 미션도 연결. 기부의 인간관계도 연결. 마크의 말발도 연결. 마크 역시 자기 성향이 이끄는 대로 자신을 잘 아는 사람입니다. 이런 마크가 한국의 학교 교육, 주입식 수업과 가부장적이고 엄한 아버지 밑에서 잘하는 말을 한마디 못하고 컸다면 현재 마크가 아니고 평범한 회사원일 수도 있다는 이야기입니다. 마크의 기부 관련 기사에서 아인슈타인의 이야기까지 연결됩니다. 저는 이런 식으로 끝없이 연결하는 것을 잘합니다.

2.
왜 아인슈타인인가?

∞

  저커버그의 친구들은 그가 단순한 것을 좋아해서 아인슈타인이 했다는 '사안을 가능한 한 단순하게 더 이상 간단할 수 없을 만큼 단순화시키라!' 라는 말을 좋아했다고 합니다. 아래 사진은 유명한 마크 저커버그의 옷장입니다. 그는 2번 바람의 마음과 6번 물의 마음을 가졌습니다. 자신의 생각이 그만큼 혼란스럽고 복잡하고 다양하다는 것을 잘 알고 있습니다. 그래서 그는 많은 이들에게 교훈을 주는 행동을 합니다. 옷을 단순화합니다. 실제 마크가 자신은 너무 결정할 것이 많은데 옷까지 매번 고민하기가 싫다고 말했습니다.

  그럼 이 같은 방법은 어떤 성향에 맞을까요? 마크의 성향에만 맞는 방법입니다. 만일 빛의 성향이 없는 저 같은 사람이 한다면 답답할 뿐 능력 발휘를 못하게 됩니다. 같은 옷의 대명사 스티브 잡스. 잡스는 정말 많이 거론되는 인물입니다. 잡스의 옷장도 마크와 같습니다. 애플의 단순미, 잡스의 옷, 잡스의 성향은 4번 산과 3번 연못. 자신의 의지와 자신의 룰입니다. 그래서 잡스의 같은 옷입니다. 저커버그의 옷은 그냥 단순화시킨 것입니다. 빛의 조화, 논리적으로 모든 능력을 모아버린 합쳐버린 단순화의 표현입니다. 저커버그의 옷과 아인슈타인의 말을 이제 이어보겠습니다.

'단순화 시켜라.'

마크 저커버그의 페이스북에
게재된 사진

거침없는 페이스북 성장, CEO 마크 저커버그 옷장 공개하며…. "복귀 첫날, 뭐 입을지 고민" 페이스북의 거침없는 성장이 화제인 가운데 페이스북 CEO 마크 저커버그의 과거 사진이 재조명되고 있다. 마크 저커버그는 2개월간의 육아휴직 후 업무에 복귀하면서 무엇을 입어야 할지 고민이라며 옷장을 공개했다. 그는 26일(현지시각) 페이스북 계정에 옷장 사진을 올리고 "육아 휴직(paternity leave)이 끝난 후 복귀 첫날. 뭘 입어야 할까요?"라는 글과 한 장의 사진을 게재했다.

―조선일보 기사 발췌

3.
아인슈타인의 책상과 단순화까지. 천재성이란?

아인슈타인의 책상

아인슈타인의 '단순화하라'는 말은 이 책상과 안 어울립니다. 아 인슈타인은 누구나 알고 있기에 인류학적 천재입니다. 제가 볼 때 창조성을 잘 발휘한 경우입니다. 천재도 여러 종류가 있습니다. 진짜 타고난 천재와 창조적 천재, 논리의 천재, 소통의 천재 등 종류를 다르게 봅니다. 그는 '타고났다'기 보다 제가 볼 때는 일종의 자기계발을 잘했다고 봅니다. 노력형입니다. 아인슈타인을 노력의 천재로 보다니 어색합니다. 그가 낙제생이었다가 똑똑해진 일화가 그를 타고난 천재로 보여주는데 사실 그 내용이 아닙니다. 그는 수학과 과학을 좋아하고 라틴어나 그리스어를 싫어합니다. 또한 뮌헨 '루이트 폴트 김나지움'의 독일식 엄격하고 딱딱한 훈육과 생활에 회의를 느낀 것입니다(「과학기술의 개척자들」 중).

다시 보겠습니다. 그는 마크와 비슷하게 6번 감성이 풍부하여 창의적인 인물입니다. 격식을 싫어하는 자유로운 사고의 소유자인 그가 독일식 교육과 맞지 않아서 그런 것이지 그가 낙제생에 멍청한 사람이 아니었다는 소리입니다. 그의 창의성은 20대에 오면서 마크와 비슷하게 5번 똑똑한 빛의 성향, 즉 논리적, 과학적 사고에 적합하게 변합니다. 그리고 그 능력이 인류 역사상 가장 극대화된다고 보면 됩니다. 잠재력 개발의 최강자인 것입니다. 그래서 그의 '단순화하라'는 말은 그가 생각하는 과학적 사고의 기본 성향이라는 말이며 그의 책상은 타고난 6번 관점으로 보면 이해가 됩니다. 제가 말 안 한 또 하나의 비밀이 있습니다. 그는 모든 것을 흡수하는 8번 받아들이는 땅의 성향이었습니다. 그래서 노력형의 천재라는 이야기입니다.

또 잡스가 나옵니다. 진짜 2010년 이후 천재, 리더십, 창조 관련
해서 글 쓸 때 잡스 없이는 이야기되지 않습니다. 그럼 잡스 책상이
아인슈타인처럼 어지럽다고 생각하는지요? 그건 어지러운 게 아니
고 잡스의 기준에서 정리된 것이라고. 다시 말씀드립니다. 잡스 기
준입니다. 여러분 기분이 아닙니다. 마크 저커버그와 알버트 아인
슈타인과 스티브 잡스까지 연결되었습니다. 그럼 나도 어지러운 책
상에 앉아서 창조력을 발휘하는 천재가 될 거라고 생각하는 분은
제가 마크의 옷, 잡스의 옷에서 언급 드렸습니다.

그건 당사자만 해당됩니다. 만일 나라면 어떻게 할까요? 그런 성
향이 없으면 안 되고 있으면 도움이 됩니다. 저라면 도움이 안 됩니
다. 정신만 사납고 실수만 합니다. 저는 2번 바람이라고 했습니다.
그래서 필요한 것만 자료만 펼쳐 놓습니다. 다만 좀 많이 펼쳐 놓
습니다. 완전히 정리하면 잊어버리고 모두 펼쳐 두면 정신이 나갑
니다. 딱 그 중간입니다. 이해되나요? 왜 꼭 펼쳐야만 하느냐? 저와
잡스와 아인슈타인은 8번 땅의 성향입니다. 자기 땅에 나무를 심는

지 벼를 심는지 봐야 합니다.

만일 7번 벼락의 성향이라면? 안 펼칩니다. 머릿속에 있거나 노트북 하나로 하거나 뭔가 즉석 해서 합니다. 아무 장소에서도 가능하고 아니면 조그만 책상에서도 가능하고 밥 먹는 식탁에서도 가능합니다. 그게 성향의 차이라고 하는 것입니다. 성향분석의 프레임은 책상에 자료 펼치는 것까지도 고려 대상입니다. 그만큼 적용 분야가 무궁무진하다는 소리입니다.

4.
손정의, 유재석, 아만시오 오르테가까지

∞

　유재석 씨 역시 긴 무명시절을 겪었고 그렇기에 성공이 더 빛나고 있습니다. 어린 나이에 KBS 대학개그제 입상을 한 것도 이미 알고 있습니다. 성향이 5번 빛과 4번 산입니다. 빛은 똑똑하다고 했습니다. 머리가 좋습니다. 유재석 씨의 유머도 마찬가집니다. 그 재능이 20대 오면서 창조성으로 발휘되는 것입니다. 하지만 고집이 대단합니다. 최선을 다하는 노력파입니다. 여기서 우리는 의문점을 가집니다. 예전에 TV에서 한 과거 이야기를 보면 유재석 씨의 20대는 일거리가 없어 매일 고민하며 멍하니 보내던 때였다고 합니다.

　그리고 최근 방송했던 무한도전의 팬미팅 편에서 유재석 씨는 이런 명언을 합니다.

　"수많은 사람이 최고의 자리로 가고, 또 그렇게 수없이 많은 사람이 자만하고, 몰락하는 것을 보아왔다. 내가 만약 저 자리에 오른다면 나는 끝없이 겸손하고 노력하겠다."

　중요한 부분입니다. '나는 끝없이 겸손하고 노력하겠다.' 그의 성향은 30대로 오면서 3번 겸손, 안정, 절제라는 연못의 성향으로 바뀌는 것입니다. 그래서 그가 성공할 수 있었습니다. 만일 그가 겸손을 알지 못했다면 무명 개그맨으로 잊혀졌을 것입니다. 사실 성향적으로 20대에 성공하기 힘든 유형입니다. 왜냐면 행동은 4번 고집스럽고 마음은 6번 복잡하고 변덕이 심합니다. 딱 뭐와 같습니까? 어린아이와 같습니다. 아이들 고집은 흔히 '땡깡'이라 합니다. 그때가 유재석 씨의 20대입니다. 더 중요한 대목입니다. 만일 자신의 자유로운 '땡깡'을 보상해주는 방법이 있다면?

다시 시간을 거슬러 20대 그로 돌아갑니다. 만일 그가 대학 개그제 입상 후 코미디언실 관련 조직에 들어가지 않고 일찍 독립해서 자신만의 개그를 했다면 더 빨리 성공했을 수도 있습니다. 제가 유재석 씨 성향을 분석해서 운 설계를 하면 이런 해결법이 나옵니다. 즉 당신의 골든 에이지(전성기)를 위해서 일찍 창업할 것인가요? 아니면 단체, 조직의 쓴맛 단맛을 보면서 내공을 쌓겠습니까?

저는 마크 저커버그와 손정의 씨의 성향을 유사하게 봅니다. 마크와 손정의 씨는 별납니다. 괴팍하기도 합니다. 마크의 하버드 시절 자체가 평범하거나 일반적이지 않습니다. 과감하게 학교를 때려치웁니다. 손정의 씨의 일화를 찾아보세요. 그의 강연을 인터넷에서 보고 저는 소름이 끼쳤습니다. 말을 못하게 보이는데 그의 강연은 사람을 집중하게 만듭니다. 강연을 잘하는 겁니다. 그리고 그의 유명한 일화가 있습니다. 20대에 자신의 인생 계획을 세웁니다.

20대에 이름을 날린다. 30대에 최소한 1천억 엔의 군자금을 마련한다. 40대에 사업에 승부를 건다. 50대에 연 1조엔 매출의 사업을 완성한다. 60대에 다음 세대에게 사업을 물려준다.

—손정의, 인생 50년 계획

실제 가족의 일화를 보면 아예 대놓고 똑똑하다고 하죠.

아버지의 입버릇은 '너는 천재다'였다고 한다. 하도 그런 소리를 듣다
보니 '정말 내가 천재인가'하는 생각이 들었고, 그것이 훗날 자신감으
로 이어졌다고 한다. 사업 제휴를 맺고자 하는 상대방에게 '저는 천재
입니다'라고 말하곤 했는데 하도 그러니까 상대방 역시 손정의에게
천재 같은 면이 있어 보이는 인상을 받았다고.

—손정의 일화, 위키트리

그렇습니다. 손정의 씨 성공 비결 역시 마크와 유사합니다. 즉
일찍 창업을 합니다. 그래서 자신의 괴팍함을 마음껏, 정말 미친
듯이(정말 미친듯한 일화로 넘쳐납니다. 유학 가기 전 아버지에게 한 말, 유학 시절
공부한 일화, 간염 이겨내기 등) 일합니다. 그런데 그는 한 술 더 뜹니다.
50년 계획! 이게 그의 성향과 딱 맞아떨어집니다. 제가 유재석 씨
의 겸손을 3번 연못으로 상징했습니다. 3번 연못을 그릇으로 다
시 상징할 수 있습니다. 그릇은 계획된 목표이자 process입니다.
그리고 그릇이 손정의 씨의 창의적 재능을 잘 담아냅니다. 그래서
성장할 수 있습니다. 유재석 씨도 마찬가집니다. 50대까지 그 재
능을 자신만의 그릇에 잘 담아냈기에 현재 꾸준히 인기가 오래가
는 것입니다.

손정의 씨는 자신의 잠재 성향을 이미 20대에 알아버린 것입니

다. 자신은 목표를 세우면 그대로 할 사람이란 것을 어린 시절 알아버린 것입니다. 이렇게 성공한 분을 보면 저는 무섭습니다. 마크는 손정의 씨를 보고 배우면 됩니다. 그를 멘토를 삼는다면 롱런합니다. 모두 다 자기 사업을 하는 사업가들입니다. 이해되는지요? 마크와 손정의는 IT 사업을 하고 유재석 씨는 방송계에서 사업을 합니다. 그리고 모두 워커홀릭입니다.

그럼 의문점 하나가 듭니다. 이들이 만일 대기업 입사한다면. 재미난 상상입니다. 젊을 때 유재석 씨처럼 고민과 방황을 할 겁니다. 자신의 재능과 생각을 아무도 알아주지 않습니다. 대부분 뒤늦게 독립할 겁니다. 대기업 정년을 갈 수도 있습니다. 하지만 임원이 되기 위해선 50대가 중요한데 이분들은 그 50대를 버티지 못합니다. 결론은 회사 다녀봐야 일찍 사직하거나 명퇴할 가능성이 큽니다. 그리고 임원 될 확률이 평균 또는 이하로 낮은 성향들입니다. 마크나 손정의 씨는 평균 이하지만 독립하고 창업하고 독자적인 일을 할 때 그 잠재력이 발휘됩니다. 다시 말씀드리지만 이게 포인트입니다. 그러면 이런 글 쓰는 저는요? 저는 정말이지 임원이 될 확률이 없는 사람입니다. 겸손과 창업에 대해 이야기했습니다. 역시 사람 따라 다르다는 걸 명심하길 바랍니다.

제가 여러 사람을 연결하는 것에 이제 좀 익숙해지나요? 유재석 씨에게 꼭 필요한 것은 겸손과 절제라 언급했습니다. 또 하나 재미있는 인물의 성향 꼬리를 물어보겠습니다. 의류브랜드 자라의 회장인 아만시오 오르테는 한때 세계 2위 부자까지 오른 옷가게 점원 출신입니다.

아만시오 오르테가가 1975년에 설립한 스페인의 패스트 패션 브랜드로 여성복, 남성복, 아동복 등을 제조·판매.

—자라 관련 정보

이분도 유재석과 성향이 비슷합니다. 이분이 무슨 소리 하는지 볼까요?

"나는 평범한 사람일 뿐이며 계속 중간계층 사고방식대로 살고 싶다고 말합니다."
"모두의 노력과 헌신이 있었기에 성공할 수 있었고, 나도 그 중 한 명일 뿐이다."

—오르테가 인터뷰 중

이런 말이 입버릇이랍니다. 어떻습니까? 우리의 '유느님' 유재석 씨와 비슷한 느낌입니다. 그는 자신을 낮추기 위해 '은둔'을 택한 경영자이고 평생 철학이 '완벽하게 평범한 삶을 사는 것'이라 말했다고 합니다. 겸손과 절제미의 극치입니다. 3번 연못입니다. 제가 연못을 절제, 겸손이라 했습니다. 그리고 자기 테두리, 자기 경계선, 자기 기준 그래서 우리 식구, 우리 사람, 우리 직원 이렇게 이미지가 흘러갑니다. 부자도 이런 부자들은 롱런합니다. 오랫동안 부와 명예를 유지합니다. 연예인들이 TV에서 '돈' 자랑을 조금만이라도 자제하면 좋다고 생각하는 이유이기도 합니다.

5.
조타의 부상

∾

2016년 3월 조타 씨의 부상 기사를 읽고 평소 괜찮은 사람이라 생각에 성향 분석해보았습니다. 그의 성향은 4번 산과 8번 땅입니다. 그게 20대가 되면서 3번 연못의 성향이 추가됩니다. 왜 그런지 알아보겠습니다.

쉬는 날 뭐 하는 지에 대한 물음에 그는 스트레스 해소법 질문에 대한 답을 '혼자 있기'라 했습니다. 전형적인 산과 땅의 성향입니다. 이런 성향은 보기와 달리 사람 많은 곳을 싫어합니다. 또한 자기 관리를 잘하는 것도 이야기합니다. 전형적인 3번 연못의 성향입니다. 종교에 가까운 자기 관리력입니다. 또한 단체, 조직, 동료를 생각하는 일종의 의리가 깊고 책임감이 강하다는 소리입니다. 항시 가족과 멤버를 생각하며 침착을 거론합니다. 연못의 성향에 기인한 것으로 보입니다.

자신을 착한 사람으로 봅니다. 8번 땅의 성향인 유순하고 착하며 배려심이 깊습니다. 신념이 이해와 양보를 언급하며, 단점을 다혈질이라 표현합니다. 이 부분을 잘 살펴보면 조타 씨는 자기 경계선이 강한 사람입니다. 즉 나의 기준과 나의 생각과 활동 영역이 분명한 사람인 것입니다. 즉 그 범위를 넘어설 때 폭발하는 다혈질이 나오게 됩니다. 하지만 마냥 유순해 보입니다. 실제로 웃음기 많은 얼굴을 보세요. 그게 땅의 성향의 사람입니다.

조타 씨는 갑자기 2015년 말에 유명세를 치릅니다. TV '우리 동네 예체능' 유도 편에서 정말 맹활약을 합니다. 저도 꼭 챙겨봤는데 조타라는 사람의 매력에 흠뻑 빠졌습니다. 왜 그럴까요? 조타는 산입니다. 홀로 선 산입니다. 정말 최후의 보루 같은 사람이자 마지막 희망 같은 인물입니다. 그래서 고집도 세고 한없는 노력파입니다. 포기하지 않는 사람입니다. 홀로 선 산을 생각해 보세요. 이 성향이 유도 편과 절묘하게 맞아떨어졌습니다. 조타의 15년의 전체 잠재 성향의 변화를 살펴보면 9번 하늘의 성향이 나타납니다. 연예인들에게 하늘의 성향과 바람의 성향은 매우 좋습니다. 왜냐하면 연예인이라는 직업 특성상 소문이 나고 밖으로 드러나야 하는 일이기 때문입니다. 자신의 성향이 하늘의 성향이 나타날 때 유명세, 기회, 즉 운이 옵니다. 2015년 2월경에 출발 드림팀에서 높이뛰기에서 신기록은 물론 체육돌로 등극하면서 2015년 9월 다시 2위까지 합니다. 그리고 11월 드디어 대박이 납니다. 모두 2번 바람과 9번 하늘의 성향이 강한 시기입니다. 하지만 최근 2016년 3월에 부상을 입습니다. 저도 팬으로 조언 드리면 당분간 조심했으면 합니다. 만일 조타의 멘토를 추천하라면 박나래 씨와 이승엽 씨를 추천드립니다. 인생에 매우 도움이 되는 분이니 참조하길 바랍니다.

단 조타 씨의 기준입니다. 특히 박나래 씨의 경우 분장쇼로 조타와 비슷한 시기에 검색어 1위를 합니다. 2015년 9월 말입니다. 그리고 정말 유명한 개그우먼이 됩니다. 조타와 비슷합니다. 성향이 비숫하다는 말입니다. 이 말은 운의 오는 시기, 운 설계를 통한 골든 에이지(전성기)가 비슷하다는 뜻입니다. 분장쇼 역시 그녀의 잠재 성향과 매우 일치입니다. 그녀는 땅 위에 홀로 있는 산입니다. 8번 땅은 받아들임, 따라 하기, 복사력, 분장해서 남을 따라 하는 성향이 강합니다. 더 재미난 부분은 박나래 씨는 22살에 SBS 공채가 됩니다. 조타 역시 22살에 2015년에 유명세를 치릅니다.

이승엽 선수도 1997년 22살에 프로야구 MVP가 됩니다. '진정한 노력은 배신하지 않는다'는 이승엽 선수의 유명한 말도 있습니다. 그 역시 4번 '산'입니다. 홀로 선 마지막 희망인 산입니다. 이런 부분이 성향변화를 알아내 인생의 골든 에이지(전성기)를 찾아내는 운 설계자의 노하우입니다. 자신보다 나이가 많은 박나래 씨와 이승엽 선수를 멘토로 삼아 자신의 인생을 슬기롭게 살아가면 되는 것입니다. 왜냐면 자신의 그때를, 그 시기를 그 기회를 알 수 있으니까요? 물론 조타 씨의 기준입니다. 해당 인물 한정판이란 이야기입니다. 절대 오해하면 안 됩니다.

참고로 저는 삼성의 이재용 씨와 쇼미더머니 우승자 베이식 씨가 있습니다. 그래서 그들의 활동을 항시 주의 깊게 봅니다. 물론 제 기준입니다. 작년 쇼미더머니 우승자가 베이식 씨가 될 것이라고 이미 예측했다면 믿겠습니까? 본인의 성향과 비슷한 분은 인생의 변화와 기회가 오는 때도 비슷합니다. 그래서 성향이 비슷한 유명인이 있다면 그것 자체도 행운입니다. 예를 들면 저도 30세에 취업을 합니다. 베이식 씨도 30세에 우승을 합니다. 그따위 취업과 우승을 비교하니 우스운가요? 제 기준에서는 취업과 쇼미더머니 우승은 똑같습니다. 개인의 역사에 대한 이해입니다. 이 부분이 운 설계자가 되는 것입니다. 베이식 씨와 이재용 씨가 만일 저와 이야기를 나눈다면 앞으로 도움이 될 것입니다. 물론 이런 식 예는 무궁무진합니다.

아래는 만일 조타 씨가 저에게 'It Think' 프레임으로 물어본다는 가정하에 진행한 가상의 컨설팅 결과이니 오해 없길 바랍니다.

Q. 연예인 생활이 적성에 맞나?

A. 전형적인 연예인 성향은 아닙니다. 한 분야 전문직이 맞습니다. 하지만 본래 성향을 어떻게 활용하는가에 따라 변합니다(아래 설명 참조).

Q. 연예인은 언제 전성기인지, 언제까지 해야 하나?

A. 30대 이후 50대까지가 좋습니다.

두 가지 묻는다면 제 결과를 아래부터 설명드립니다. 요약이며 생략된 부분이 많습니다만 도움되리라 믿습니다.

밸런스와 전성기 차트

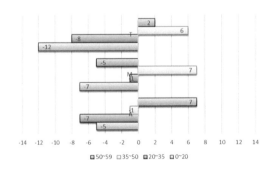

M A T
0~20
10
5
0
-5
-10
-15
50~59   20~35

35~50

설명드리자면 '연예인이 되는 시기와 언제까지 생활 가능하냐?'는 질문에 대한 답입니다. 잠시 차트를 설명드리면 위에 그래프가 성향 밸런스 차트입니다. 가로축 좌측은 성향의 받아들임을 뜻하고 우측은 드러냄을 뜻합니다. 숫자가 높을수록 강하다고 생각하면 됩니다. 세로축은 A는 행동, M은 마음, T는 성격을 표시했습니다. 그 다음 그래프는 전성기(방사형) 차트입니다. 전 연령대의 성향 유형을 보여 줍니다.

시기적으로 30대가 전성기입니다. 전성기 차트를 보면 30대(T 표시임) 수치가 가장 높습니다. 즉 자신을 가장 많이 드러내는 성향이 강합니다. 그러므로 이제 조타씨가 시작한 것으로 볼 때 오래 갈 것으로 봅니다. 50대까지 이어질 듯합니다.

적성에 맞냐는 질문에 설명드리자면 기본적으로 성격이 받아들이는 성격입니다. 즉 인내하거나 성격이 좋아서 화를 안 낸다고 보면 됩니다. 또한 여성스러운 면이 있지만 고집스러운 남성적인 성향 또한 있습니다. 한 분야에 연구하거나 전문가적 기질이 많다고 보면 됩니다. 위 그래프에서 좌측이 받아들이는 표시입니다. 이 뜻은 조금 늦게 연예인의 기질이 나온다는 말입니다. 30대 이후 절정기로 볼 때 어릴 때 자신이 연예인이 된다는 것을 본인도 몰랐습니다. 아마 그래서 유도를 사랑한 이유기도 합니다. 유도처럼 전문 분야의 기술을 파고드는 것이 본래 성향입니다. '적성에 맞느냐?'는 질문에 대답은 20대까지 내공을 쌓으면 30대 이후 빛을 보게 된다는 것이 저의 대답입니다. 실제 조타는 20대에 시작했습니다. 그건 다음에 올 연도별 차트를 보면 알 수 있습니다.

능력 차트

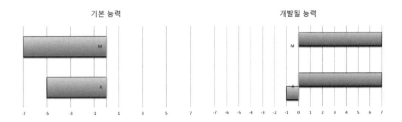

개발될 능력을 볼 때 이 부분에서 실제 개발되느냐, 다른 성향으로 바뀌느냐 따라 전체 성향이 많이 좌지우지됩니다. 위 그래프 오른쪽에서 A 표시가 20대에 개발될 능력입니다. 즉 3번, 연못(이 부분은 저만 아는 표시, 그래프에는 없음)이라는 뜻입니다. 즉 20대에 겸손, 절제를 익히고 또한 자신만의 영역을 확립하는 시기로 보면 아주 좋게 나타납니다. 조타 씨의 여러 뉴스나 인터뷰를 봤을 때 이미 익힌 능력 같습니다. 30대~50대는 실제 행동이 드러내는 성향이기에 연예계에서 좋습니다.

우리가 22세인 조타 씨에게 매력을 느끼는 것도 나이답지 않은 어른스러움, 받아들이는 성격인 것이 이유라고 생각합니다. 보통 22세인 남성은 자신을 과시하거나 자신만만합니다. 하지만 조타 씨는 착하고 인내심 많고 겸손합니다. 즉 애 어른입니다. 그게 매력 포인트입니다. 저는 이 능력을 평생 조타 씨가 가져갔으면 합니다. 왜냐하면 30대 이후 마음에 정말 자신감과 과시욕이 생길 때 자기를 지키는 중요한 수단이 됩니다. 숱한 인기 연예인들이 뜨는 과정과 지는 과정을 보더라도 중요한 덕목입니다.

2016년 성향의 흐름을 한번 보겠습니다. 아무래도 자신을 많이 드러내고 싶을 때 유명세를 치를 확률이 높다는 전제하에 분석하면

2016년 성향분석 차트

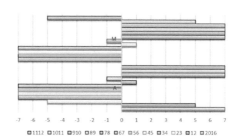

□1112 □1011 □910 □89 □78 □67 □56 □45 □34 □23 □12 ■2016

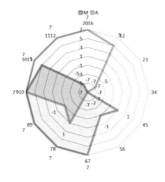

숫자들은 월입니다. 23은 대략 2월에서 3월 사이라는 표시입니다. 좀 전에 말씀드린 대로 A는 행동이고 M은 마음입니다. 무조건 높다고 좋은 것은 아닙니다. 분석에 많은 부분을 생략해 두었기에 오해의 여지도 있습니다. '2016년 성향 분석차트' 아래를 보면 숫자로 볼 때 12 부분에서 A 표시 수치가 높습니다(45 부분이 M 표시 수치가 높습니다). 그리고 78 부분부터 다시 A 표시 수치가 높아져 12월까지 갑니다. 이때 유명세를 치를 수 있다는 것입니다. 아마 3월에서 4월까지는 내면과 내실에 집중하는 시기입니다. 20대에 그는 연예계 데뷔를 합니다. 조타 씨의 10년간 성향의 흐름을 보면 표시가 납니다.

2006~2015, 10년 성향 흐름 차트

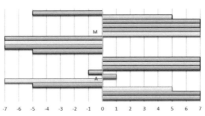

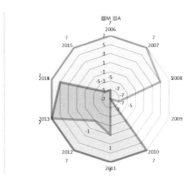

'2006~2015, 10년 성향 흐름 차트'에서 2010 부분을 보면 M표시 수치가 높아집니다. 이때 M, 마음이 움직이기 시작했다는 뜻이기도 합니다. 이 시기에 실제 조타 씨는 유도로 금메달을 따기도 합니다. 그런 마음이 2013년에 오면서 실제 행동으로 나타납니다. 2013~15부분에서 A 표시 수치가 높아지고 있습니다. 이때 뭔가 해야 직성이 풀렸을 것입니다. 그래서 조금 빨리 시작했을 것입니다. 실제 14년에 데뷔 15년에 유명해집니다. 즉 자신의 본 모습을 보였을 때(예를 들면 우리 동네 예체능 유도 편에서 보인 조타씨의 모습들) 인기를 얻습니다. 그게 조타 씨의 성향입니다. 앞으로 아직 20대인 그는 내공이 쌓이는 시기로 보입니다. 중요한 것은 이 시기에 꼭 내공을 쌓아야만 합니다. 2017년~2021년까지는 미래 일이니 비밀로 하겠습니다. 간단히 살펴본 조타 씨의 운 설계와 골든 에이지(전성기) 관한 내용이었습니다.

6.
박수홍의 재발견

⚮

'미운 우리 새끼'라는 TV 프로그램은 저도 꼭 챙겨보고 있습니다. 저도 나이가 나이인지라 많은 부분 공감이 되고 혼자 사는 분들 보며 여러 가지 생각을 하곤 합니다. 특히 박수홍 씨 관련해서 재미있었습니다. 그의 운 설계 관련 표를 보도록 하겠습니다. 지금이 자기 기준에서는 골든 에이지(전성기)입니다(옆 페이지 GC2 차트, 3 부분이 35~50세 시점). 결혼을 안 하려고 합니다. 박수홍 씨 어머니께서는 '끼'라는 표현으로 이야기합니다. '클럽, 여자, 춤'을 '끼'라고 하든 열정이라고 하든 그의 기본 성향은 9번입니다. 1번도 있습니다(1번 속 바람 같은 2번이니 능력자입니다).

9번을 하늘이고, 얼굴이라고 했습니다. '얼굴'을 쪽이라고 합니다. 흔히 '쪽팔린다'는 말의 의미는 얼굴이 알려지는 것이 부끄럽다는 뜻입니다. 하지만 연예인은 좋습니다. 연예인은 일부러 쪽 팔기 위해 홍보를 합니다. 직업상 얼굴을 드러낼 일이 많습니다. 당연히 그런 끼가 있을 수밖에 없습니다. 9번의 성향은 사실 '얼굴을 팔릴 일'이나 유명세를 치를 만한 일, 남에게 보이는 일을 하는 것이 적성에 가장 맞습니다. 자세한 것은 생략하더라도 이 분 역시 자신의 성향대로 잘 사는 것 같습니다.

결혼(또는 연애일수도)은 내년쯤 되면 마음이 생길 수도 있습니다만 기본적으로 독립적이고 강한 성향이고 능력자입니다. 내년만 제외하고는 쉽지 않을 듯합니다.

박수홍 씨 성향분석 차트

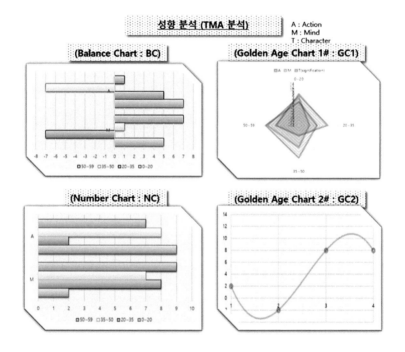

7.
35세의 허성태

성향 분석을 통한 운 설계자가 되기에 교과서적인 인물입니다. 저도 이 책에서 우리 같은 일반인, 직장인이 더 대단하다고 몇 번이나 언급 드렸습니다. 허성태 씨도 TV 프로그램에 출연해서 같은 말을 합니다. 그리고 제가 맨날 이야기하는 35세의 시기, 변화의 시기, 결정의 시기, 운 설계의 시기가 그에게 적용됩니다. 이 분 성향이 뭘까요? 뭐길래 그 끼를 주체하지 못할까요? 9번입니다. 이 본성을 참고 대기업 영업, 조선소 직원을 거칩니다.

35살까지 대기업에 다녔다. L 전자에서 러시아에 텔레비전을 파는 영업을 했다. 이후 대기업 조선소에서는 자회사 관리 업무를 맡았다.

—허성태 씨 인터뷰 기사

그 대기업이 L전자라고 합니다. 저와 비슷합니다. 그래도 영업 쪽에 있었으니 그나마 다행이었겠군요. 그리고 참고 견디면서 자신의 그때인 35세, 2011년 6월에 결국 SBS '기적의 오디션'에 출연합니다. 그러면 2016년에 왜 이분의 인생이 바뀔까요? 단번에 신문 기사도

뜨고 영화 '밀정'도 개봉하고 여러 가지가 이슈화됩니다. 저의 분석으로 그에게 해당되는 한 단어가 바로 '혁'의 해이기 때문입니다. 혁명할 때 그 '혁'입니다. 이해되나요? 자기 인생의 혁명입니다. 내년에 더 좋습니다. 운 설계자답습니다. 저랑 나이도 같고 인생 히스토리도 매우 유사합니다.

8.
숫자 '6'의 최민수

∽

최근 '엄마가 뭐길래'라는 프로그램에서 최민수 씨 에피소드를 흥미롭게 봤습니다. 최민수 씨 경우 성향분석을 위한 생일 숫자 더하기의 좋은 예입니다. 양력과 음력의 성향이 완전히 다릅니다. 예전에 자료 보니 이렇게(1962년 3월 27일) 기록이 있었습니다. 다 더하면 무슨 숫자가 나오나요? 행동이 3번, 마음이 3번이 나옵니다. 그런데 뭔가 느낌이 이상합니다. 최민수 씨가 3번 법률가이자 그릇이라고 나옵니다. 이때 저는 이렇게 생각합니다. 생일이 음력으로 표시되었거나 잘못 기재된 것으로 봅니다. 생일을 모른다면 늘 사용하던 생일로 하면 됩니다. 다시 검색해보니 양력(1962년 5월 1일) 기록이 있었습니다.

그러면 이제 이해가 됩니다. 행동이 6번, 마음이 6번입니다. 어찌되었건 숫자가 같습니다. 이런 경우 매우 분석하기 쉽습니다. 숫자가 행동과 마음이 같다는 것은 그 특징이 명확하다는 뜻입니다. 행동과 마음이 다른 2개의 성향을 가진 사람보다는 더 이해하기 쉽습니다. 하나입니다. 즉 겉과 속이 같다고 이해해도 됩니다. 모이는 모습이 바로 마음입니다. 6번이라는 숫자 한 개, 6은 물입니다. 숫자 6에 대해서 앞에서 써 둔 내용을 보면서 최민수 씨로 생각하고 한번 읽어보세요. 마치 제가 그를 염두하고 쓴 글처럼 보입니다. 숫자에 대해 쓴 것은 2016년 상반기이고 최민수 씨에 대해 알아본 것은 2016년 하반기입니다.

책 내용 중 숫자 6번인 경우를 참고하면 다음과 같습니다. 가장 창의적이고 자유로우며 다양한 재능, 재주를 가진 성향입니다.

어떤 분야든 잔재주가 많습니다.

기술이 필요한 분야에서는 기술에 능하고 예술이 필요한 분야에서는 감정이 풍부합니다. 하지만 혼란스런 상태가 생겨나기 쉽기에 자신의 일상이 혼잡스러울 수 있습니다.

인간관계가 정리가 안 될 수 있고, 집안과 책상이 어지러울 수 있습니다. 감정이 넘치기에 정신적 데미지도 크게 다가올 수도 있습니다. 슬픈 영화에 울고 기쁜 일에 너무 즐거워합니다.

혼자서 외로움을 많이 느끼기에 무엇인가에 중독될 성향도 많습니다. 사람을 대할 때 항시 관계적 입장을 취하며 결정사항을 감정적으로 처리하려고 합니다. 그래서 인간관계가 좋기도 합니다. 하지만 인간관계 속에서 힘들어하기도 합니다. 쉽게 말해 거절을 못해서 오는 오해를 떠안고 살아갑니다.

예술적 재능이 있기에 음악이든 미술이든 문학이든 하나씩 취미가 있곤 합니다. 기술에도 능합니다. 손재주가 있다고 보시면 됩니다.

매우 환경에 약한 유형이기에 주변의 보호가 필요합니다. 즉 뚜껑이 열려 있는 음식물이 훼손이 잘 되듯 이 뚜껑의 역할을 해줄 무엇이 있을 때 능력을 발휘합니다.

어린 시절에는 부모나 스승을 잘 만나야 하고 커서는 친구나 배우자가 그래서 누구보다 중요합니다(이 부분을 보면 아내를 잘 만난 것 같습니다).

쉽게 망가질 수 있는 생크림 케이크지만 잘 보관한다면 파티의 꽃일 될 수 있는 것과 같습니다. 흔히 '자유로운 영혼'이라는 말에 해당되는 분들이 많습니다.

그래서 조금 독특할 수 있는 패션을 고수하기도 합니다. 즉 회사에서 있는 나름 '패셔니스타'인 분 중에 이런 성향이 많습니다.

이하 생략입니다. 숫자 6 관련해서 읽어보길 바랍니다.

9.
큰 변화를 가져올 도널드 트럼프

도널드 트럼프 성향분석 차트

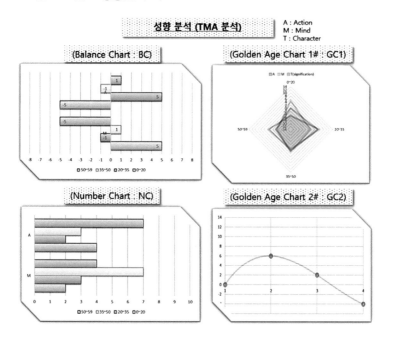

트럼프의 기본 성향이 뭘까요? 제가 알려드린 숫자 더하기를 해
보세요. 장사, 사업에 가장 강한 성격을 제가 몇 번이라고 했습니

까? 4번입니다. 그리고 언변, 화술, 대화, 거래에 강한 성향은 몇 번일까요? 2번입니다. 절묘한 숫자가 나옵니다. 이 숫자를 기억하면서 아래 내용을 읽어보길 바랍니다. 트럼프를 진짜 이해하는 방법입니다.

트럼프 기본 성향은 드러냄과 받아들임의 불균형입니다. 마음과 행동이 일치하지 않는다는 것은 여러 의미가 있습니다. 트럼프 경우 거짓말을 잘한다고 봐도 됩니다. 기본 능력이 사업가 체질입니다. 돈에 밝고, 말을 잘합니다. 개발해야 할 능력이 20대엔 절제와 겸손의 미덕입니다. 30~40대엔 추진력입니다. 트럼프의 여러 저서를 예전에 읽어본 결과 이런 미덕을 자신도 이미 익혔을 것입니다. 그게 그의 부를 이루게 해주었을 것입니다.

하지만 자신의 능력 이면에 조심해야 할 능력이 바로 현재는 말하는 것입니다. 좋은 말이든 나쁜 말이든 어릴 때는 용납되었습니다. 그래서 그의 사업능력이 뛰어났을 수도 있지만, 이게 나이가 들면 용납이 안 됩니다. 트럼프의 유명한 막말 시리즈는 어마어마합니다. 도대체 저 양반 왜 저럴까? 의문이 듭니다. 제 분석은 그런 부분을 이야기해주고 있습니다. 트럼프의 말이 득이 될 수도 독이 될 수도 있습니다. 그리고 50대의 고집과 아집도 버려야 할 성향입니다. 트럼프가 만일 말, 언행에 주의하고 젊을 때의 겸손과 절제미를 지금 보여준다면 달라질 수 있을 겁니다. 어찌 되었던 그는 모난 성격을 가지고 오히려 그 때문에 미국 대통령까지 되었습니다. 트럼프 당선 소감에 대해 미국 언론은 '트럼프답지 않은, 겸손하고 사려 깊은 출발'이라고 호평했습니다. 놀랍습니다. 겸손이라는 단어가 트럼프에게 적용되고 있습니다.

저의 성향분석에서는 행동의 숫자 4, 마음의 숫자 2를 조합하면 트럼프를 딱 한단어로 정의 할 수 있습니다. 추후 운 설계자 2편에서 이런 조합을 각각 설명할 예정입니다. 바로 뱃속 벌레 '고(蠱)'라는 한자입니다. 그 뜻을 보면 뱃속 벌레, 기생충, 곡식 벌레, 독기, 굿(무속의 종교 제의), 정신병, 일, 미혹하다, 주문을 외다, 의심하다, 경계하다, 요염하다(야), 아름답다(야) 이렇게 많습니다만 하나씩 대입해 보면 지금까지 우리가 알던 트럼프의 모습도 보이고 몰랐던 점도 보입니다. 나쁘게 해석할 수도 있지만 좋게 해석할 수도 있습니다. '어떤 관점에서 보는가?'의 차이입니다. 즉 누구는 그가 미쳤다고 이야기하지만 누구는 그에게 미혹됩니다. 그에게 매력을 느낍니다. 그리고 그것은 사실로 드러났습니다. 아래는 트럼프의 2016년 차트입니다. 11 표시 부분(약 10월~11월 시점)부터 수치가 급상승합니다. 힐러리는 분석상 트럼프와 반대였습니다.

트럼프의 2016년 차트

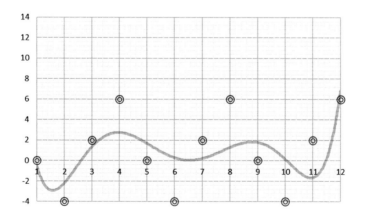

트럼프를 논할 때 중요한 핵심 사상이 있습니다. 바로 PC(Political Correctness)에 대한 반론, 반기라고 표현합니다. PC 이 뜻은 아래와 같습니다.

다문화주의(multiculturalism)를 주창하면서 성차별이나 인종차별에 근거한 언어 사용이나 활동에 저항해 그걸 바로 잡으려는 운동이다. '정치적 광정(匡正)' '정치적 공정성' '정치적 올바름' 등으로 번역할 수 있다. 미국 중산층의 언어 사용에 주목해 차별이나 편견에 바탕을 둔 언어적 표현이나 '마이너리티'에게 불쾌감을 주는 표현을 시정케 하는 PC 운동은 1980년대에 미국 각지의 대학을 중심으로 전개됨으로써 성차별적, 인종차별적 표현을 시정하는 데에 큰 성과를 거두었다.

'불구자(disabled)'를 '장애인(handicapped)'으로 부르는 게 그 예인데, 미국에선 그것으로도 성이 안 차 '능력을 달리 타고난(differentlyabled)'으로, 여기서 한 걸음 더 나아가 '신체적으로 도전받은(physically challenged)'이라는 표현까지 등장했다.

대표적인 PC 표현법을 소개하자면, Black→African-American, Oriental→Asian-American, Indian→Native American, housewife→Domestic engineer, fireman→firefighter, stewardess→Flight attendant, postman→Post person, policemen→Law enforcement officer, prostitute→Sex surrogate, human·mankind→Earth children, blind→Optically darker, deaf→Visually oriented, poor→Economically unprepared, drug addict→Chemically challenged, bald→Comb-free 등을 들 수 있다.

또한 PC 운동은 그간 대학에서 가르쳐 온 '위대한 책들'이니 '걸작'이니 하는 것들이 모두 서구 백인들의 문화유산이었음을 지적하면서 소수 인종 문학 텍스트도 가르치고 배워야 한다고 주장했으며, 그 연장선상에서 소수 인종 교수 채용과 학생 모집, 그리고 교과과정 개편을 위해 노력했다. 또 PC 운동은 나이에 대한 차별(ageism), 동성연애자들에 대한 차별(heterosexism), 외모에 대한 차별(lookism), 신체의 능력에 대한 차별(ableism) 등 모든 종류의 차별에 반대했다.

— PC[Political Correctness], 선샤인 논술사전

이 PC 사상에 대해 트럼프는 아래 내용으로 대응합니다. 다시 트럼프의 성향과 아래 내용의 연관성을 찾아보면서 읽어보길 바랍니다.

이렇게 정치적 위선이 만연한 상황에서 트럼프가 나타난 것이다. 지난해 6월 트럼프 대선출마 선언식에서 그의 딸 이방카는 "아빠는 '정치적 올바름'과는 정반대"라며 "자기가 생각하는 걸 말하고, 말하는 걸 생각한다"고 소개했다. 트럼프는 유세 기간 자신이 대통령이 되면 "백화점에서 '메리 크리스마스'를 볼 수 있게 해주겠다" "불법이민자들이 들어오지 못하도록 장벽을 쌓겠다"고 목소리를 높였다.

상당수 사람이 트럼프가 노골적이고 차별적인 막말을 한다고 비난했지만 더 많은 유권자는 정치적 위선을 정면으로 공격하는 트럼프에게 표를 던졌다. 다른 정치인과는 달리 각종 이익단체의 정치헌금을 받을 필요가 없는 트럼프만이 할 수 있었던 행보라는 분석도 있다.

로스는 트럼프식 협상의 핵심이 "강점을 활용하고 약점은 다른 사람에게 위임하는 것"이라고 한다. 트럼프가 특유의 직관과 돌파력으로

판을 흔들면 마무리는 주변 사람들이 맡는다는 것이다. 분명한 건 트럼프가 철저히 계산에 따라 움직이는 비즈니스맨이라는 점이다. 한국은 트럼프에 대해 공부할 게 많다.

— 2016-11-11, 동아일보

저학력 백인 노동자들은 숫자상으로 미국 인구 중 최대의 집단이다. 그러나 이들은 백인이라는 태생적으로 우월한 지위 때문에 말도 못하고 살았다. 다수이지만 침묵을 지키는 사람들 즉 Silent Majority로 살고 있었다. 그러나 이번엔 이들이 소리를 질렀다. 아니 소리를 지르는 대신 투표장으로 달려갔다.

2016년 미국 대통령 선거의 핵심 용어(Key Word)는 '분노(anger)'였다. 힐러리 클린턴은 이들에게 "나는 여러분의 분노를 잘 알고 있습니다"라며 접근했고 도널드 트럼프는 "나는 분노한 여러분들 중 한 명입니다"라며 선거전을 이끌어갔다.

미국 사람들은 개가 개를 잡아먹는 듯 처절한 이전투구의 세계에서 미국을 이끄는 지도자가 더 크고 더 잔인해보이기를(bigger and meaner) 원했던 것이다. 트럼프는 바로 이 같은 요구를 충족시킬 수 있는 인물이었다.

국민들이 듣기 좋은 그럴듯한 말보다는 투박하지만 실제로는 맞는 말을 하는 트럼프가 오히려 진정성이 있는 지도자로 보였다. 미국 국민들은 조용히 있다가 투표하는 날 달려나가 트럼프에게 한 표를 던졌다. 이 같은 제반 과정을 통해 미국 국민들은 지난 수십 년 동안 지속되어 오던 국가의 진행 방향을 바꿔 놓은 것이다.

— 2016-11-30, 이춘근 박사

10.
대기업 임원이 되려는 자

∽

삼성전자, LG전자, 현대자동차, SKT, KT, 롯데쇼핑, 포스코 7대 기업 670여 명의 임원에 대한 성향 분석입니다. 기업마다 임원들의 성향은 조금씩 다릅니다. 특히 대기업 입사를 꿈꾸거나 신입사원이거나 현재 근무 중인 분들은 보면 도움이 될 겁니다. 또한 큰 규모의 조직에서 살아남고, 승진하고, 한자리를 차지하려면 어떤 성향이어야 되는 지도 알 수 있습니다. 일단 전체 성향의 경향을 봅니다.

① 타고난 성향은 드러냄과 받아들임으로 구분할 때 받아들이는 성향이 강합니다. 이유는 간단합니다. 수십 년을 받아들입니다. 그러다 50대 이 성향은 드러냄으로 바뀝니다. 즉 50대에 임원이 되기 위한 승부 카드로 남겨두는 것입니다.

② 타고난 마음의 성향에서 특히 2번 바람의 성향의 사람이 많습니다. 즉 남을 이해하고 의사소통이 승부 카드이고 다양한 분야에 관심이 많습니다. 이 성향은 50대에 추진력을 상징하는 7번 벼락으로 바뀝니다. 임원들은 한 성깔합니다. 급합니다. 빠

릅니다. 한국적 기업입니다. 외국인들은 다 뺐습니다. 다 이유가 있습니다. 그래서 임원이 됩니다. 그럼 50대 최하 성향은요? 그때도 남 말 잘 듣고 말만 잘하고 흔히 귀가 얇으면 임원이 되지 않습니다.

③ 타고난 성향에서 특히 행동성향은 3번 연못의 성향인 사람이 적습니다. 즉 안정적이고 절제와 교양을 겸비한 사람이 적다는 말입니다. 이유는 이렇습니다. 50대에 안정을 추구하며 마음이 너무 틀에 매여 있습니다. 너무 차분합니다. 좀 들떠야 합니다. 임원이 된다는 것은 그런 것입니다.

④ 타고난 행동 유형 중 최고는 무엇일까요? 6번 감성적 관계력이 1위이며 2번 의사소통력이 2위입니다. 의외로 5번 논리적 합리력은 중간 순위입니다. 행동 성향과 마음의 성향은 다릅니다. 위에 순위는 행동의 성향입니다. 과거 어린 시절 감성이 풍부해서 엉뚱하거나 조금은 산만하고 정리를 잘못해도 다른 사람의 감정과 말을 잘 알아듣고 여러 관심사와 호기심이 많은 아이였습니다. 이런 유형이 대기업 가면 임원 될 확률이 조금 높다는 말입니다. 왜냐하면 이 아이는 수십 년을 지나 50대에 감성적 인간관계력, 즉 상사의 요구 사항을 잘 알아듣고 지시 사항을 잘 따르는 추진력 있는 사람으로 자라납니다. 평균적으로 그렇다는 말입니다. 그리고 기업마다 특징이 조금씩 다릅니다.

재미있는 분석 하나를 소개합니다. 내가 모시는 있는 임원과 다르다고 생각이 되나요? 내가 모시는 임원은 너무 성격이 좋나요? 최고 확률의 유형은 따로 있습니다. 바로 50대에 대기업 임원의 가장 강렬한 특징을 말씀드리면 이분들은 젊었을 때 대게 독재자 유형입니다. 아주 자신이 위대하고 잘났으며 정말 모든 일을 무리하게 합니다. 과합니다. 폭발합니다. 그런 유형입니다. 그렇게 회사 생활을 합니다. 그래서 발탁이 되고 승진을 합니다. 그리고 50대가 되면 스스로를 회사 최후의 희망이라 생각합니다. 무조건 버티는 외로운 지도자, 오직 자신의 고집만 믿는 의지의 화신이 됩니다. 일 잘하는 것 하고는 상관없습니다. 이미 능력은 젊을 때 동이 나버렸습니다. 그래서 외롭습니다. 이제 실제 상사들 같습니까?

제 분석도 그렇게 나옵니다. 하지만 이런 임원들도 어릴 때 타고난 잠재 성향은 깊이가 있고 의젓하며 안정되고 편안한 사람입니다. 애 어른 소리 듣는 사람들입니다. 너무 일찍 성숙해서 그렇습니다. 신기한 성향의 변화입니다. 최악의 성향을 하나 뽑을까요? 최악이란 임원이 안 될 확률이 상대적으로 높다는 소리입니다. 잘 보세요. 맞는 말인지.

670명 중 딱 두 명 존재하는 희귀한 성향을 소개합니다. 어릴 때 모든 것을 받아냅니다. 모든 것을 흡수합니다. 그리고 흡수한 것을 발휘할 능력이 있는 아이입니다. 가능성이 무궁무진한 아이를 비유하자면 댐을 생각해 보면 됩니다. 그런 아이는 이미 20대에 뭐가 되도 됩니다. 아마 임원 되기도 전에 회사를 나갔을 겁니다. 즉 기회 자체가 없습니다. 그리고 이 아이는 50대에 너무도 온화하고 너무도 편안한 성향이 되며 남을 잘 도와줍니다. 모든 걸 그대로 받아냅니다. 이겨냅니다. 참아냅니다. 8번 땅의 논리, 땅의 성향입니다. 이런 성향이 임원으로 있을 수 있을까요? KT와 포스코에 각각 한 명씩 있습니다(제 자료 기준입니다). KT라는 기업 성향이 어떻습니까?

'기본과 원칙에 충실하며 고객 가치 실현을 위해 끊임없이 소통하며 근성을 가지고 도전하는 KT인!'

KT에서 최근 추구하는 인재상입니다.

자, 임원분이 최근 입사한 신입사원입니까? 아닙니다. 과거 입사한 분이지요. KT는 과거 공기업이었고 지금도 국가기관장이 대표이사가 되는 곳입니다. 지금 대표이사는 삼성 출신입니다. KT 임원들 분위기와 많이 다릅니다. 갈수록 기업 분위기 많이 바뀌었습니다. 단 2명뿐인 이 분의 업무가 재미납니다. 대외협력 업무를 하셨는데 정부, 국회, 언론, 시민단체 등 외부 협력 담당입니다. 감이 오죠.

모든 문제를 감내하고 받아들이는 성향과 딱 적합했습니다. 그리고 지금은 더 승승장구하십니다. 이 분 역시 자기 자신을 잘 아는 분이었습니다. 즉 잠재 성향을 간파하여 '나는 이런 기업 분위기, 이런 분야가 나하고 맞다'에 집중하는 겁니다. 그래서 경쟁력이 생겼을 겁니다. 하지만 KT라는 조직이 아니었으면 무리였을 겁니다. 삼성, LG, 현대, 롯데, SK에는 어림없습니다. 재미나지 않습니까? KT는 회장이 바뀝니다. 놀라운 사실은 과거 회장의 성향은 KT의 평균적 임원과 유사합니다. 하지만 최근 회장의 성향은 기존의 KT 임원의 성향과 매우 다릅니다. 삼성 임원들 성향입니다.

KT 회장 임기 후반 대규모 쇄신인사 왜?

—머니투데이 뉴스

작년에 이랬습니다. 역시 제 분석과 맞아떨어집니다. 데이터를 하나 공개합니다. 670명의 한국 대기업 임원들의 기업별 40~50대 연령대의 성향입니다. 한 마디로 성격이 이렇다는 소리입니다.

기업별 40, 50대 임원 성향(기업 이름은 약자로 표시함)

성향	SSE	LGE	HM	KT	SKT	Lott	POS	SUM
열정-과신	12.00%	10.00%	9.50%	8.50%	9.00%	14.00%	7.10%	70.10%
소통-변덕	9.50%	7.00%	9.50%	10.00%	14.00%	12.50%	12.10%	74.60%
조화-이론	13.00%	13.50%	13.00%	8.00%	12.50%	8.00%	8.60%	76.60%
추진-성급	13.00%	14.00%	15.00%	10.50%	11.00%	10.50%	10.70%	84.70%
절제-규칙	7.00%	13.00%	9.50%	14.00%	7.50%	10.50%	12.10%	73.60%
창조-혼란	13.00%	14.00%	13.00%	9.50%	10.50%	12.50%	14.30%	86.80%
집념-아집	10.50%	11.00%	10.50%	11.00%	16.50%	9.50%	11.40%	80.40%
포용-방관	10.50%	7.50%	10.50%	15.50%	9.00%	11.00%	12.90%	76.90%

앞서 타고난 성향에 대해 언급 드린 것은 말 그대로 어릴 적 이야기입니다. 중요한 것은 40~50대의 성향이죠. 그때 대부분 임원이 됩니다. 되려고 해서 될 수도 있고 열심히 해서 될 수도 있습니다. 인터뷰를 보면 열심히 하다 보니 자연스레 되었다고 합니다만 진짜일까요? 결론은 그런 분들은 상대적으로 적습니다.

제 데이터를 기준으로 하나씩 풀어 보겠습니다. 잘 보고 사고를 유연하게 하고 읽으면 이해가 될 것입니다. SUM(각 기업별의 합) 부분을 보면 추진하려는 성향과 창조하려는 성향이 1~2위입니다. 당연한 결과입니다. 뭔가 저질러 보겠다는 의지가 없으면 아무것도 이루지 못합니다. 겸손을 상징하는 절제는 하위권입니다. 추진 성향의 양면성은 성급하다는 것입니다. 그 유명한 자기계발서 같은 「일했으면 성과를 내라」는 책들, 성과를 내려면 급해야 합니다. 느긋하게 언제 기다립니까?

창조성이 분명 높습니다. 하지만 어떨 때는 혼란 그 자체입니다. 자신이 뭐 하는 줄도 모를 경우가 많습니다. 그리고 집념이 강합니다. 양면성은 아집이죠. 고집입니다. 절대 고집. 이건 일반적인 50대 아저씨들의 성향과 유사합니다.

이제부터 말씀드리는 것은 이런 성향이 적다는 것입니다. 포용하려는 유순한 마음을 가진 분이 적습니다. 하지만 방관하지 않으니 때로는 좋을 수도 있습니다. 그리고 조화성, 즉 합리적이고 논리적인 분들도 적습니다. 그렇습니다. 똑똑한 능력은 이미 어릴 적 20~30대 다 보여 준 분들입니다. 한편으로는 이론에만 매달리지 않으니 편할 수도 있습니다. 임원들은 교수가 아닙니다. 그리고 소통이 되질 않네요. 말이 안 통한다 생각하면 됩니다. 그래서 기업 행사에 사원들과 소통의 자리를 많이 마련합니다. 결론은 됩니까? 결국 자신의 주장대로 하는 것. 이게 임원들입니다.

하지만 제가 계속 양면성을 언급 드리는 이유도 있습니다. 변덕, 이랬다저랬다 하지도 않으니 좋습니다. 아니, 좀 전에 1위가 창조성이고 그 양면이 혼란이라 했는데요. 잘 들으세요. 창조의 혼란성은 다양한 경우의 수를 두고 결국 하나로 연결고리는 있는 고단수의 혼란입니다. 혼란이 있어야 논리가 나오는 원리입니다. 즉 하나의 이론이 나오기 전 수많은 예, 수많은 실험 데이터, 요즘 유행하는 '빅데이터'의 그런 혼란입니다.

하지만 변덕은 선택의 문제입니다. A냐, B냐, C냐 결정해버립니다. '난 A 아니 난 B.' 이게 변덕입니다. 이제 위의 성향보다 더 적은 성향 두 개를 말씀드립니다. 절제의 성향입니다. 이전 글에도 언급 드렸듯이 얌전히 있으면 임원이 되질 않습니다. 겸손과 절제는 잠시 접어 둬야 합니다. 하지만 이 또한 양면성이 있는 게 그래서 규칙에 얽매이지 않습니다. 그래서 창조성이 풍부한 이유기도 합니다. 마지막입니다. 열정이 부족합니다. 모든 CEO 성공한 임원들이 공통되게 외치는 말이 있습니다.

'나는 열정 그 자체이다.' '나는 열정적인 인재를 원한다.' '나 역시 그런 사람이었다.'

임원이 될 시기에 열정이 낮다는 말은 이미 어린 시절 20~30대에 보여줬습니다. 그리고 임원이 되려고 할 때는 임원을 뽑아주는 분이 있지 않겠습니까? 기업 조직에 재미난 사실이 뭔지 아십니까? 오너 회장 말고는 월급 받는 임원은 끝없이 자기 상사가 있다는 사실입니다. 무서운 수직적 상하관계입니다. 그렇습니다. 고분고분해야 됩니다. 열정의 양면성은 자기 과신입니다. 흔히 하는 말로 '잘난 체', 잘난 체 하는 사람을 그 위에 상사는 싫어한다는 사실입니다.

잘난 체와 추진력은 다릅니다. 추진력은 조직을 움직이는 힘입니다. 하지만 열정은 그 힘이 지나쳐 조직을 파괴할 수도 있는 힘입니다. 상사 입장에서는 두렵습니다. 하지만 이 힘을 가진 사람이 승진을 거듭할 때는 또 다른 이야기입니다. 조직을 파괴하고 새 조직을 만들 수 있는 위치에서는 좋은 성향입니다. 모든 성향은 시기 즉 '그때' 필요한 순간이 있습니다.

그런 능력들이 기본적으로 다 있는 분들이 제가 조사한 대기업 임원인 670명입니다. 없다면 이 명단에 들지도 않았겠죠. 다시 정리해보자면 창조력을 가지고 추진력이 있지만 자신을 과신하지 않으며 규칙과 원리원칙에 얽매이지 않는 분. 이게 대표적 한국의 임원 성향입니다. 저는 출신 학교와 출신 지역, 학력사항을 거론하지도 않았습니다. 그런 분석은 너무도 뻔하고 흔합니다.

나름 성격이 좋게 분석됩니다. 너무 좋게 해석했다고 말들이 많습니다. 하지만 우리가 요즘 유행하는 '나쁜 아저씨'와 비교해 보십시오. 창조력은 없고 성급하고 자신을 너무 과신해서 자기 말만 듣게 하려는 일종의 '훈계'를 합니다. '내가 젊을 때는 말이야.' 그래서 이런저런 규칙대로 하라고 합니다. 저도 수많은 임원을 옆에서 보고 느끼며 살았습니다. 그들은 분명 조직에서 성공한 사람들입니다. 보고 배울 점을 찾는 게 건강에도 좋습니다. 어떻습니까?

그럼 나는 과연 그런 성향이 있는가? 이전 글에 언급했습니다. 어릴 때 행동이 감성적 관계력이 1위입니다. 창조성을 가지고 있지만 때론 혼란스럽습니다. 하지만 감성이 풍부해서 다른 사람의 마음을 잘 알 수 있습니다. 그래서 누가 부탁하면 거절을 잘 못 합니다. 의사소통력이 2위입니다. 때론 변덕스럽지만 다양한 분야에 관심이 많습니다. 말도 잘하지만 남의 말귀도 잘 알아듣습니다. 의외로 논리적 합리력은 중간 정도 순위입니다. 똑똑하다는 소리 듣습니다. 뭐든 따져보는 게 좋습니다. 딱 들어맞아야 맘이 편합니다.

감성적 관계력이 40~50대에 바로 창조성이 되고 이 능력은 시키는 걸 잘하는 성향입니다. '이상한데? 창조적인 사람은 예술가 아닌가?'로 생각할 수 있습니다. 그게 아닙니다. 창조성 있는 사람이 예술가도 되지만 조직에 충성하는 사람도 됩니다. 창조는 감성입니다. 감성은 글쓰기, 음악, 미술, 운동 같은 분야에 잘 통하는 성향의 종류입니다. 하지만 이런 예술을 배우기 위해서 일종의 스승이란 존재가 있습니다. 즉 스승의 말을 의외로 잘 듣는다는 겁니다. 왜냐하면 내가 혼란스럽습니다. 내가 혼돈 그 자체입니다. '누가 나를 가둬줬으면 좋겠다.' 그게 기업 조직, 어떤 단체일 수도 어떤 학파(예술, 운동 분야의 무슨 학파) 일 수도 있습니다. 예술인들이 유독 많은 학파를 만드는 이유이기도 합니다.

의사 소통력은 40~50대 임원에게 적게 나온 성향인데 어찌 된 영문인지요? 제 글을 잘 읽은 분은 아마 궁금할 내용입니다. 40~50대 임원 성향은 데이터는 말 그대로 마음과 행동을 합친 수치입니다. 성향, 성격을 보여주는 것을 저는 마음과 행동, 두 가지로 구분합니다. 즉 의사소통의 수치가 낮다는 이야기는 그런 행동을 자신의 마음과 달리 적게 한다는 뜻입니다. 실제 마음은 아니겠지만. 저의 성향분석의 요지는 그럴 확률이 상대적으로 높다는 것이지 절대적이라는 말은 아닙니다. 어떤 소수 성향도 CEO가 되고 임원이 된다는 것을 이번 조사에서 알았습니다. 저의 결론은 하나입니다. 결국 자신을 잘 알고 성향에 맞게 일하고 살았기 때문입니다. 이들은 자기 운을 알고 잘 설계하여 골든 에이지(전성기)를 찾았다는 소리입니다.

에필로그

지금 나에게 필요한 것은?

처음 책 컨셉을 잡았을 때가 생각납니다. 인생에서 가장 초라했던 시기였습니다. 한 집안의 가장이자 남편이자 아버지인 제가 초라했다면 어떤 상황인지는 여러분 상상에 맡기겠습니다. 하지만 저의 40대를 나타내는 숫자는 '9'였습니다. 매일 아침 거울 속 자신에게 '언젠가는 그때가 올 것이다.'고 말했습니다. 저는 스스로 운 설계자가 되었습니다. 때로는 저도 모든 것을 그만두고 싶었습니다. 하지만 지금 내게 필요한 것이 무엇인지 알기에 이겨낼 힘이 생겼습니다. 수많은 편견 속에서 이 책은 태어났습니다. 책을 활용을 하고 못하고는 개인 성향의 차이며 스스로의 몫입니다. 저는 '틀렸다'고 하지 않습니다. 다만 다를 뿐입니다. 마지막으로 아래 글을 인용하면서 마무리합니다.

우리 한국인들은 이런 멋진 태극기를 국기로 삼고 있으면서 사는 모습은 그에 못 미치는 것 아닌지 모르겠습니다.

—최준식 교수, 이화여대

책에서 이야기하는 표현, 이미지, 법칙, 모두는 태극기 원리와 같습니다. 아마도 태극기의 뜻을 완벽하게 이해하는 분은 거의 없을 것 같습니다. 너무 오묘하고 깊어 수십 년을 해도 저도 모를 것 같습니다. 오랫동안 고민하고 노력했던 작업이 공개되기까지 도와준 소중한 가족과 인생의 수많은 멘토, 관계자분들께 다시 한 번 감사드립니다.